FOLIO JUNIOR

Titre original : *Yo y el imbécil*
Édition originale publiée par Santillana S.A., Madrid, 1999

Première partie

TES PETITS-ENFANTS NE T'OUBLIENT PAS

Elvira Lindo

Le Bêta et moi

Illustrations d'Emilio Urberuaga

Traduit de l'espagnol
par Virginia López-Ballesteros et Olivier Malthet

FOLIO JUNIOR/GALLIMARD JEUNESSE

A Sara et Elisa, les deux filles de mes amis
Susana et Emilio (Urberuaga),
avec toute l'affection de leur (fée) marraine,
qui veillera toujours à ce qu'elles soient heureuses
comme elles le sont maintenant.

Et maintenant à moi :

Au Bêta pour qu'il sache
que je ne regrette pas
qu'il soit né.
Signé :

Manolito

ASA
La Casa

passais par la caisse. Je lui ai alors dit que ce n'était pas la peine car j'étais le héros de ces livres et que les héros ne payent jamais les livres où on parle d'eux, que c'était écrit dans la Constitution mondiale, et que Superman ne payait pas l'entrée du cinéma pour voir le film *Superman*. J'ai pensé qu'avec cet exemple j'avais été super clair, et j'ai mis mon livre sous le bras et je me suis mis à marcher vers la sortie pour attendre mon grand-père. Mais quelqu'un m'a mis la main sur l'épaule. Je me suis retourné. C'était le vendeur qui m'a dit en s'approchant tout près de mon visage :

– Il n'est pas encore né l'enfant qui sortira un livre de cette librairie sans payer. Je suis de Carabanchel, tu m'entends ? Et je n'aime pas les petits rigolos.

J'ai commencé à trembler du menton sans pouvoir m'arrêter. Cette histoire prenait une très mauvaise tournure.

Tout en me tenant par l'épaule, le vendeur de la librairie m'a dit que j'étais un jeune vaurien sans-gêne qui n'avait pas honte d'emporter des choses sans même se cacher.

– Remets tout de suite ce livre sur la table, petit voyou !

J'ai remis le livre sur la table, mort de peur.

– Où est ta mère ?

– Ma mère est à Carabanchel, c'est écrit dans le livre que vous ne me laissez pas emporter.

– Ne fais pas le malin avec moi, petit.

– Je ne fais pas le malin, c'est vrai. Je suis venu avec mon grand-père Nicolas, il est allé acheter un billet de

LES GENS DE MON QUARTIER SE PLAIGNENT

Ce que je vais te raconter maintenant, ne le répète à personne, car je pleure pas mal, et les chapitres dans lesquels je pleure me font un peu honte. D'après mon grand-père, quand il existe autant de livres sur la vie de quelqu'un, c'est normal que de temps en temps le héros (moi, par exemple) pleure à cause d'un terrible malheur ; mon grand-père dit que c'est le genre de truc qui plaît beaucoup au lecteur, qui se met à pleurer aussi comme si ce malheur était le sien. Drôle de lecteur ! Moi, ceux que je connais et qui, bien sûr, vivent tous à Carabanchel, et sont morts de rire, chaque fois qu'il arrive plein de malheurs au héros, surtout si le héros c'est moi. Le crâneur de mon quartier, Yihad, dit que ce qui lui plaît le plus dans les livres sur ma vie, c'est lorsque je tombe, ou lorsque ma mère me donne une tape, ou lorsqu'il casse mes lunettes. Mais Yihad est un menteur, en plus d'être un crâneur, car sa propre mère m'a dit un jour : « Ne fais pas attention à lui, Manolito, il n'a jamais ouvert un livre même si on parle de lui dedans. »

Au début, dans mon quartier, ils ont tous acheté le premier tome de ma biographie parce que c'était nouveau et pour voir s'ils étaient dedans, mais ils se sont très vite vexés et ont arrêté de l'acheter quand ils ont vu comment je parlais d'eux mais surtout comment Emilio Urberuaga les avait dessinés. M'dame Asunción est arrivée en classe en disant qu'on l'avait dessinée comme une grosse vache, et ça nous a fait tellement rire qu'elle a dit qu'elle ne voulait plus voir aucun enfant avec un de mes livres dans les mains. Ma voisine Louisa a dit que cet individu l'avait dessinée comme si elle avait au moins cinquante ans.

– Louisa, lui a dit ma mère, c'est pas étonnant car tu en as cinquante-deux.

– Oui, mais il ne le sait pas, et tu seras d'accord avec moi, Catalina, pour dire que j'en parais dix de moins ! Un artiste ne fait pas ça, un artiste te peint à ton avantage ou il ne te peint pas, ou alors qu'il peigne sa mère.

– Plains-toi, Louisa, lui a répondu ma mère, moi il me dessine toujours avec un de ces mentons, on dirait un pélican.

M. Ézéchiel non plus n'était pas content car il dit que sur les dessins, on n'apprécie pas les changements qu'il a faits dans son bar :

– Sans rire, aujourd'hui le Tropezón ressemble à un café de Paris mais, visiblement, ce monsieur ne s'en rend pas compte.

– Dis plutôt qu'il ne veut pas s'en rendre compte !

C'est ce qu'a dit un client, qui lui aussi était dessiné dans un des livres.

Mon père aussi se plaint, il se plaint qu'il est toujours très gros sur les dessins :

LES HÉROS NE PAYENT JAMAIS

Nous avons acheté les tee-shirts, mon grand-père s'en est aussi acheté un, plus un slip, car il a dit qu'il voulait faire bonne impression devant les infirmières. Nous sommes restés un long moment dans le magasin, le temps que mon grand-père raconte au vendeur sa prochaine opération ; et un vieux, qui achetait lui aussi un slip, lui a dit de ne pas s'inquiéter, que depuis qu'on l'avait opéré il voyait la vie en rose. Cet ancien opéré a remonté le moral de mon grand-père, le vendeur les a même laissés entrer dans la cabine d'essayage pour qu'il nous montre sa cicatrice, et c'était vraiment cool, c'était une cicatrice super-parfaite, ils étaient tous d'accord là-dessus (le vendeur aussi), on aurait dit que le médecin l'avait tracée à la règle. Et tandis que nous étions tous penchés à regarder « cette merveille de la chirurgie », le vieux rigolait tellement il était content de tous les compliments que nous faisions sur son ventre coupé en deux. Mon grand-père et le vieux se sont échangé leur téléphone car ils étaient devenus super-copains et parce que ce vieux voulait rendre visite à mon grand-père à l'hôpital pour voir si le médecin lui aurait fait une cicatrice aussi super-parfaite que la sienne.

Lorsqu'ils se sont séparés, sur la Gran Vía, mon grand-père avait changé d'humeur et, pour fêter ça, il m'a dit qu'il allait acheter une grille de Loto dans la boutique d'une dame qui s'appelait Manolita (mais nous ne sommes pas de la même famille). Il y avait une longue file d'attente et j'ai dit à mon grand-père de laisser tomber, mais il m'a répondu qu'il sentait que c'était son jour de chance, et il s'est dit que je pourrais l'attendre dans une grande librairie de la Gran Vía, bien au chaud. Il m'a raconté qu'avant, on laissait les enfants attendre dans une église, mais qu'ils se mettaient à grelotter de froid et, au bout d'un moment, les gens leur jetaient des pièces et, plus tard, ces enfants devenaient des mendiants. Lorsque mon grand-père m'a laissé dans cette librairie, j'ai pensé que quand je serais grand je deviendrais écrivain, mais je me suis secoué la tête avec les mains car, franchement, je préférerais être plus beau que tous les écrivains d'aujourd'hui.

Voilà comment m'avait laissé mon grand-père : tout seul au milieu de plein de livres. Tu ne vas pas me croire si je te dis ce que j'ai trouvé sur une des tables : *Manolito, Super Manolito, Bonnes vacances Manolito*... Ils étaient tous dans cette librairie qui devait être une des plus importantes d'Europe. Je me suis mis à rigoler comme un fou et le vendeur m'a regardé l'air de dire : « Pourquoi il rigole, ce petit ? » Je lui ai demandé si ça ne le dérangeait pas que j'emporte un des livres, et lui, se croyant malin, m'a répondu que ça ne le dérangeait pas du moment que je prostate, qu'elle grossissait à chaque minute qui passait. Il est devenu très pâle et a croisé les mains devant la prostate en question, peut-être parce qu'il avait peur que le médecin sorte un bistouri du tiroir et lui fasse une entaille sur place. Mais pas du tout.

– Du calme, a dit le docteur Morales qui avait deviné sa pensée, nous vous l'enlèverons à l'hôpital sous anesthésie, comme à tous les vieux.

Mon grand-père est sorti du dispensaire en marchant lentement et d'un air très triste.

– Grand-père, lui ai-je dit, si ta prostate est trop lourde, appuie-toi sur mon épaule, nous supporterons mieux le poids à deux.

Mais il m'a répondu qu'il ne marchait pas lentement à cause du poids de sa prostate gonflable mais parce que, de temps en temps, les grands-pères sont pris d'une trouille énorme. Nous devions aller à la Gran Vía car ma mère nous avait envoyés acheter des tee-shirts Thermolactyl pour moi et le Bêta, car elle aime beaucoup nous voir transpirer en hiver et, tant que nous n'avons pas d'éruption cutanée dans le cou, elle n'est pas tranquille. Nous sommes partis en taxi car mon grand-père a dit que, triste comme il était, il ne voulait pas prendre le métro, qu'il aurait tout le temps d'être sous terre un jour. Voilà mon grand-père : un optimiste-né.

– Je n'ai jamais eu un bide pareil, Catalina, jamais je n'ai été comme ça !

En fait, je ne connais personne dans mon quartier qui soit content de son personnage dans les livres. Non, je mens, il y en a un : le Bêta, il adore se vanter que le dessinateur le représente toujours sur la couverture des livres. Mais ma mère n'aime pas qu'il soit toujours dessiné avec la tétine dans la bouche, car elle dit qu'il risque de trouver ça drôle.

– Je fais tout mon possible pour que cet enfant ne prenne plus la tétine, et ce type n'arrête pas de le dessiner avec.

Je disais donc qu'au début les gens de mon quartier achetaient les livres. Mais ils ont arrêté de le faire car ils disaient qu'ils n'allaient pas continuer à dépenser de l'argent pour se voir gros, laids et ridicules. Il y en a même qui allaient le raconter à ma mère dans la rue, et elle me disait ensuite :

– Ça suffit, Manolito, tout le monde va finir par me détester.

– Moi non, maman. Tout ça, c'est à cause de celle qui écrit les livres, elle garde le pire de ce que je lui raconte.

Enfin, bref, l'histoire que je voulais raconter maintenant et que je commencerai par le début, c'était qu'un vendredi après-midi je suis allé avec mon grand-père au dispensaire, et que le docteur Morales a dit à mon grand-père que cette affaire de prostate ne pouvait pas continuer comme ça, qu'il fallait employer les grands moyens car sa prostate était une horreur de

loterie à côté et il m'a laissé dans cette librairie, pas pour que j'achète un livre mais pour que je sois au chaud.

– Eh bien il faut lire, mon garçon, et acheter les livres au lieu de les voler, comme tu aimes faire.

– Moi je n'aime pas voler. J'ai volé une fois, dans la boulangerie de Porfiria, et je me suis fait attraper.

J'ai raconté à ce vendeur en colère la fois où j'avais volé dans la boulangerie avec Grandes Oreilles et Yihad, et que je n'avais pas volé depuis car lorsque tu te fais prendre c'est très désagréable, on te punit et tu ne peux pas sortir pendant tout le dimanche au parc de l'Arbre du Pendu. Le vendeur en colère m'a poussé et m'a enlevé le livre, et je suis resté là, appuyé contre une pile de livres sur ma vie, très triste, parce que cet homme ne voulait pas croire que j'étais le héros de ces histoires. Je l'avoue, je me suis mis à pleurer.

Quand mon grand-père est arrivé, j'avais déjà versé trois larmes et j'étais sur le point d'en verser une quatrième. Il m'a demandé :

– Qu'est-ce qui t'arrive, Manolito chéri ?

Je lui ai montré le vendeur en colère, qui nous regardait avec une tête qui faisait peur.

Mon grand-père a demandé au vendeur ce qui s'était passé, lui a dit qu'en général j'étais sage, que c'en était un vrai plaisir, que j'étais un enfant qui ne posait aucun problème à part que j'étais paresseux à l'école, jaloux du Bêta et que parfois il n'y avait pas moyen de me faire taire, ce qui mettait ma mère dans des états (terribles), mais qu'à part ces deux ou trois bêtises, j'étais l'enfant dix sur dix, le petit-fils parfait, et qu'il ne pouvait tolérer, en tant que grand-père, que quelqu'un me fasse pleurer à côté d'une pile de livres sur ma vie.

UN AMI DES ENFANTS

– Vous avez une idée du nombre d'enfants qui viennent ici chaque jour en disant qu'on parle d'eux dans ces livres ? Si je devais offrir un livre à tous ceux qui sont venus me raconter leurs bobards… Il y en a un qui dit s'appeler Grandes Oreilles, Grandes Oreilles, imaginez un peu ! Comment pourrait-on parler de lui dans un livre avec un nom pareil ? Un autre qui s'appelle Yihad… Il y a même une fille qui est venue, un jour, en disant qu'elle s'appelait Susana, mais qu'elle était plus connue dans le monde mondial sous le nom de Culotte-Sale. On dirait que, dans ces livres, on parle de tout Carabanchel sauf de moi, comme par hasard.

– Si vous voulez, donnez-moi votre nom et mon petit-fils fera tout son possible pour que l'on parle de vous dans le prochain livre.

– Mon nom est écrit sur mon badge.

Le vendeur en colère nous a montré la plaque qu'il portait sur sa chemise. Il s'appelait Sánchez.

– Mon nom est Sánchez. Jaime Sánchez.

– Manolito, m'a dit mon grand-père, arrête de pleurer, idiot, et écris le nom de ce monsieur : Jaime Sánchez.

– Je lui ai déjà dit que j'étais de Carabanchel.

– Ne vous inquiétez pas, mon petit-fils va prendre note.

Je n'arrivais pas à bien écrire à cause du hoquet qu'il m'avait donné, mais j'ai quand même noté sur un papier : « Jaime Sánchez ».

– Il n'a qu'à mettre Sánchez, ce sera suffisant. Ici, à la librairie, tout le monde m'appelle comme ça.

– Non, monsieur, mon petit-fils va dire à la femme qui écrit ces livres qu'elle parle de vous avec votre nom complet. Vous voulez qu'elle ajoute aussi votre deuxième nom de famille, pour ne pas vexer votre mère ?

– Ça m'embête, car le nom de ma mère est Nigaud et, si mes collègues l'apprennent, ils vont se moquer de moi.

– Manolito, n'ajoute pas Nigaud à monsieur

J'ai fait comme si je le barrais.

Sánchez Nigaud a dit qu'il n'était pas si sûr que je sois le vrai Manolito, mais qu'au cas où ce serait vrai que je n'oublie pas d'écrire que Jaime Sánchez était un homme honnête et ami des enfants de l'enfance. J'ai écrit : « Sánchez Nigaud : honnête et ami des enfants de l'enfance. »

Sánchez Nigaud était tout content qu'on parle de lui dans un livre, et il m'a dit aussi d'ajouter qu'il était membre du Real Madrid et qu'il était poète, qu'il avait de nombreux poèmes dédiés aux joueurs de cette équipe, et que si j'étais d'accord je pourrais aussi les rajouter dans un de mes livres. On aurait dit que Sánchez Nigaud était devenu notre super-copain et, à un moment, mon grand-père lui a dit :

– Sánchez, vous avez vu que mon petit-fils n'a rien d'un voyou, alors donnez-lui un de ses livres, ça lui fera plaisir, vous comprendrez que, moi, je n'ai pas envie de dépenser un centime pour des histoires que je connais par cœur.

– Monsieur Nicolas, excusez-moi, mais je ne peux pas lui offrir. Sans parler que je ne suis pas totalement sûr que votre petit soit le vrai Manolito. Je ne dis pas ça pour vous, monsieur Nicolas, car vous avez l'air de quelqu'un de bien, mais aujourd'hui on ne peut pas faire confiance aux gens. Les gens sont devenus des bandits.

Vu que beaucoup de gens étaient devenus des bandits, Sánchez Nigaud ne nous a pas offert de livre et mon grand-père a dû en acheter un parce que j'en avais envie et, quand j'ai envie de quelque chose, je deviens totalement insupportable. Comme nous sortions du magasin, j'ai barré sur la feuille « ami des enfants », et j'ai laissé honnête car je ne sais pas ce que c'est.

Mon grand-père m'a acheté *Manolito* car ça nous fait toujours rire quand nous repensons au jour où Barnabé est rentré chez lui et s'est mis à faire des pets monstrueux dans le couloir, sans se douter que toute ma famille, moi et Louisa étions là pour un dîner surprise. Lorsque le livre est sorti, Louisa ne nous a pas parlé pendant un mois, mais finalement ça lui est passé car tout le monde, chez le coiffeur, chez Porfiria ou dans la rue, lui disait : « Trop marrant ton Barnabé, Louisa, trop marrant », ou : « Heureusement qu'il y a ton bouffon de Barnabé et ses gros pets pour rattraper le livre », ou : « Ton Barna est un rigolo, Louisa, qu'est-ce qu'il est drôle ! » Du coup, Louisa n'était plus aussi vexée et elle ne nous en a plus voulu d'apparaître dans un chapitre appelé « Les petits cochons », et maintenant, lorsqu'ils se réunissent le dimanche avec mes parents au Tropezón, elle dit avec son vermouth à la main : « Il faut bien le reconnaître : celui qui naît comique naît comique, et mon mari est né avec ce don. Ton mari a d'autres dons, je ne dis pas le contraire, mais il n'est certainement pas comique. »

Ma mère ne la contredit pas car elle dit qu'il vaut beaucoup mieux avoir une Louisa barbante et contente que barbante et vexée.

Nous sommes rentrés chez nous en taxi car mon grand-père sentait que nous allions gagner au Loto, et dans le taxi il s'est mis à lire le chapitre des pets de mon parrain Barnabé. Mon grand-père s'est endormi, et j'ai continué à lire à voix haute car le chauffeur du taxi était mort de rire avec l'histoire des petits cochons. Le chauffeur m'a dit :

– Comme tu lis bien, petit.

Et je lui ai dit que je lisais bien parce que je le savais par cœur, que c'était l'histoire de ma propre vie. Lui non plus ne m'a pas cru. Il était clair que personne n'était prêt à me croire. Il arrive la même chose aux grands personnages ; prends par exemple Superman, dès qu'il enlève sa cape, même sa fiancée ne le reconnaît pas. Moi ça me donne envie d'entrer dans l'écran et de dire à cette fiancée si intelligente : « Tu ne vois donc pas, pauvre idiote, que le type aux lunettes qui se trouve juste devant toi, c'est Superman ? »

Je disais au chauffeur maintenant tournez à gauche puis à droite, puis je lui ai dit enfin, comme si j'étais un enfant du beau monde :

– C'est ici, au 4 de la rue Mario-Conde. C'est la rue où vit un certain Manolito García, où vivent aussi son frère le Bêta, sa mère Catalina, son père Manolo, Louisa et Barnabé (le type des pets), et mon grand-père Nicolas, celui qui s'est décroché la mâchoire en piquant un somme. Dans les livres, je l'appelle Superprostate, mais il ne le sera bientôt plus car on va l'opérer.

Le chauffeur de taxi m'a regardé d'un air bizarre très bizarre, même très très bizarre.

UN GRAND-PÈRE CREUX

Nous sommes montés chez moi très lentement car mon grand-père était à moitié endormi mais, en arrivant à la hauteur du deuxième, il m'a dit :

– Je vais attendre qu'on ait fini de dîner pour dire à ta mère qu'on va m'opérer de ma superprostate, car je la connais, je sais que ça va la rendre très nerveuse.

Louisa qui, comme à son habitude, était en train de nettoyer le judas, a ouvert la porte.

– Moi je demanderais des références sur celui qui va t'opérer, Nicolas, car les médecins, tu sais comment ils sont, ils arrivent pour t'enlever la prostate, et ils s'emballent, ils s'emballent, et ils te laissent un creux à l'intérieur.

– Merci, Louisa, pour tes encouragements.

– De rien, tu me connais, j'aime rendre service.

Louisa est rentrée chez elle, et nous n'étions pas encore arrivés au troisième que notre porte s'est ouverte et ma mère est apparue avec le Bêta dans les bras. Elle nous a dit la même chose que d'habitude, qu'il était tard, qu'elle avait été sur le point d'appeler la police et qu'elle avait déjà la main sur le téléphone. D'abord elle s'en est prise à mon grand-père, qu'à cause de lui elle était toujours morte d'angoisse et puis à quoi servaient les cabines téléphoniques, si l'on rentre tard on appelle avant et voilà, mais que ça ne se fait pas de laisser une mère se faire du mauvais sang. Ensuite ç'a été mon tour parce que je lui ai dit que personne ne voulait croire que j'étais l'enfant héros de certains livres, elle m'a répondu que j'arrête ces bêtises, que tous les enfants héros dans l'histoire du monde avaient fini à moitié drogués dans un coin, et qu'un enfant devait penser à bien travailler à l'école et à faire plaisir à sa mère. L'année dernière, elle ne m'avait même pas laissé envoyer la lettre que nous avions écrite, Grandes Oreilles et moi, à l'émission de télé *Graines de star*. En fait, comme elle ne m'avait jamais vu écrire de lettre de ma vie, à part celles que j'envoie en été à Grandes Oreilles à Carcagente, ça l'avait surprise. Elle s'est mise à tourner autour de moi et à regarder discrètement ce que j'écrivais. Je t'ai déjà dit qu'elle était du genre mère-flic. Mais chaque fois qu'elle s'approchait, je cachais la lettre avec mon bras. Elle commençait à me taper sur les nerfs et j'ai commencé à lui taper sur les nerfs, chose que nous faisons tous les jours de notre vie. Et elle m'a demandé :

– Qu'est-ce que c'est ces cachotteries ? A qui écris-tu ?

– A Grandes Oreilles, comme d'habitude.

– Mais on est en plein mois d'avril, et tout le monde sait en Espagne que Grandes Oreilles va à Carcagente en été.

– Oui, mais je lui écris ici, à Carabanchel, car il y a

des choses qui se disent plus facilement dans une lettre.

Cette dernière phrase a été une grande inspiration qui m'est venue sur le moment. Mais les grandes inspirations n'impressionnent pas ma mère. Et elle m'a dit :

– Voyons voir ce que tu as de si important à dire à ton ami !

C'est alors qu'elle a lu la lettre que nous voulions envoyer à *Graines de star* pour imiter les Spice Girls, Grandes Oreilles et moi, tels deux enfants *drag queen*. Ce n'était pas une idée à moi mais une de Grandes Oreilles, qui aimerait bien être un enfant *drag queen*. Ça se remarque énormément à chaque fête de carnaval. Moi, franchement, ça me gênait un peu, mais Grandes O m'a convaincu en me disant qu'avec cette imitation, nous allions casser la baraque. Ma mère l'a très mal pris, elle répétait tout le temps : « Mon Dieu, il n'y a pas de malheur plus grand que d'avoir un enfant *drag queen !* » Et elle a déchiré la lettre et m'a dit que pourvu que mon père ne l'apprenne pas, et elle a ajouté que les enfants ne pouvaient pas passer à la télé en faisant les *drag queen* car c'était interdit par la constitution espagnole.

Ma mère était donc en train de nous engueuler, mon grand-père et moi, quand Louisa, après avoir frappé à la porte, a passé sa tête dans la cuisine et nous a demandé si nous avions dit à ma mère ce que nous avions à lui dire. Voilà comment est Louisa : en un rien de temps, elle te flanque par terre tes meilleures surprises. Mon grand-père a raconté à ma mère qu'on devait l'opérer de la prostate et elle s'est mise à crier :

– Même les voisines sont au courant des opérations avant moi !

Louisa était prête à se fâcher, mais mon grand-père a réussi à la calmer en disant que Louisa l'avait appris par hasard alors qu'elle était en train de nettoyer le judas de sa porte, comme chaque fois qu'elle entend des pas dans l'escalier, car Louisa a cette manie qu'elle ne peut pas contrôler. En plus, il n'y a pas de conversations qui lui plaisent autant que celles sur les maladies et les interventions chirurgicales. Elle connaît toutes les erreurs médicales dont a souffert la population entière de Carabanchel et dit qu'un jour elle écrira tout ça dans un livre, et elle a ajouté que, s'il arrivait quoi que ce soit à mon grand-père à l'hôpital, même un truc de rien du tout, elle le mettrait dans son *best-seller*. Ma mère a dit à Louisa :

– Louisa, s'il te plaît, change de sujet, je suis en train de dîner, et je ne reconnais plus ma saucisse à la sauce tomate.

– Maman, maman, ai-je dit. En parlant d'erreurs, Louisa dit que si ça se trouve, le chirurgien qui doit couper, s'emballe, s'emballe, et laisse le grand-père avec un creux à l'intérieur.

Le Bêta s'est mis à pleurer rien qu'en imaginant mon grand-père tout creux à l'intérieur, un genre de grand-père qui, quand tu le tapes sur le ventre, résonne comme si tu tapais contre une porte. Ma mère a dit :

– Tu as encore réussi à faire pleurer ton frère, juste

au moment où il doit aller se coucher, et tu sais le genre de rêve qu'il fait ensuite !

C'est vrai, quand le Bêta a des cauchemars, il pousse de ces hurlements de terreur que j'en ai les cheveux dressés comme un hérisson. Ma mère l'a emmené au lit et lui a dit dans le couloir :

– Ah, mon bébé qui, le soir, devient tout doux.

Et elle lui faisait des bisous sur toutes les parties de son corps. Je ne dis pas ça parce que je suis un enfant jaloux, comme le répète ma mère, mais quand ils commencent à se faire des papouilles le soir, ça me hérisse les cheveux, comme un hérisson. Moi, tu l'auras compris, que ça soit pour une chose ou pour une autre, je passe la plupart de ma vie à ressembler à un hérisson.

LE JOUR OÙ JE NE SERAI PLUS LÀ

Avant qu'on opère mon grand-père de sa prostate gigantesque, tous les soirs nous parlions dans notre lit de différents sujets en rapport avec la terrible opération. Les week-ends, lorsque mes parents partaient dans leurs bars et leurs cinémas, le Bêta se couchait avec nous et nous parlions tous les trois. Mon grand-père disait que, quand il serait à l'hôpital, le Bêta pourrait dormir sur la terrasse avec moi, à condition qu'il ne fasse pas pipi, parce que l'odeur de pisse s'incruste dans le matelas et il n'y a plus moyen de l'enlever. Il disait que, s'il avait l'intention de faire pipi, il n'oublie pas de mettre le plastique sous le drap. Alors, devant mon grand-père et moi, les yeux stupéfait, le Bêta est parti en courant dans la chambre de mes parents, là où se trouve son gigantesque berceau, et est revenu avec le plastique qu'il a fourré comme il a pu dans le tiroir de la petite table.

– Plastique de bébé, a-t-il dit.

– Tu crois donc que tu vas pisser dans mon lit pendant mon absence ? lui a dit mon grand-père.

– Oui, bébé va pisser.

Voilà le Bêta : un enfant sans complexes avec beaucoup de culot.

Le plastique est resté là jusqu'au jour où mon grand-père est parti. Mon frère l'a alors sorti pour le mettre sous le drap. Les nuits avant que mon grand-père s'en aille, il a continué à pisser dans son berceau, sans plastique, parce que ça ne le dérange pas de mouiller son matelas. C'est comme ça depuis quatre ans, depuis qu'il est né, et ma mère a beau le raconter à tout le quartier pour le faire rougir, c'est une tradition qu'il ne veut pas perdre. Ma mère ne se rend pas compte que le Bêta ne ressent aucune honte.

Nous parlions aussi d'un sujet que moi et le Bêta nous appelons « Le jour où je ne serai plus là ». C'est un sujet qui plaît beaucoup à mon grand-père, qui commence toujours par : « Le jour où je ne serai plus là… », puis qui raconte ensuite ce qu'il nous laissera en héritage à tous les deux, car nous sommes ce qu'il aime le plus au monde. Ma mère n'aime pas quand il commence avec ses histoires de « Le jour où je ne serai plus là » et, nous, quand nous étions plus petits, nous n'aimions pas non plus. Nous nous mettions presque toujours à pleurer et nous lui donnions des coups de poing pour avoir parlé de sujets aussi mortels. Mais maintenant nous sommes habitués. Nous y avons pris goût. Et ceux qui finissent par se taper dessus, c'est moi et le Bêta, parce que tous les deux, nous voulons hériter de tout : la maison du village, l'argent du compte en banque, le faux dentier, la dernière grille du Loto, les écharpes… Une fois, nous nous sommes tapés avec le bol qu'utilise mon grand-père pour prendre son potage du soir, et pour nous punir il n'a pas joué pendant deux jours au « jour où je ne serai plus là... ».

Mais c'est vrai que, lorsque l'heure de vérité est arrivée, le moment où mon grand-père a dû entrer à l'hôpital, et où ma mère a commencé à faire sa valise, j'avais un nœud dans la gorge tellement gros qu'en avalant ma salive, je ressemblais à un dindon, et il est arrivé la même chose au Bêta car je l'entendais faire le même bruit que moi. Ma mère a mis deux pyjamas neufs dans la valise, et mon grand-père lui a dit :

– Pourquoi mettre deux nouveaux pyjamas, Catalina, tu sais bien qu'on va me donner une chemise de nuit ?

Mais c'est entré par une oreille de ma mère et c'est ressorti par l'autre car elle a dit qu'au moins, comme ça, les infirmières sauraient que mon grand-père était un vieux dont on s'occupait et qu'il avait une famille.

Moi, sans rien dire à personne, j'ai voulu sortir de l'argent de mon cochon pour faire un cadeau à mon grand-père avant qu'il s'en aille, mais mon cochon était comme d'habitude : vide. J'ai dû m'agenouiller devant le Bêta pour lui demander de l'argent, car je ne sais pas comment il fait, mais il a toujours un billet caché dans un de ses recoins secrets : dans la petite maison des Playmobil ou dans la caravane de Barbie. Cette fois-ci, il a sorti un billet de dix euros de sous le matelas de mes parents. C'est un enfant très attaché aux traditions. Nous sommes sortis, et devant la porte du supermarché j'ai eu une idée éblouissante : nous allions faire une photo de nous deux au Photomaton de l'entrée. Ça n'a pas été facile d'expliquer au Bêta que nous devions coller nos visages l'un contre l'autre pour que l'on nous voie tous les deux sur la photo. Après que nous avons répété plusieurs fois, j'ai pensé que le Bêta avait compris, je l'ai monté sur mes genoux et j'ai mis les pièces. Mais une fois que l'argent est tombé, nous avons commencé à nous énerver et à nous battre pour avoir le plus de place sur la photo. Le Bêta m'a attrapé par la tête et me l'a jetée en arrière, flash ! A ce moment-là il y a eu la première photo. Je me suis défendu, j'ai desserré les jambes et le Bêta est tombé par terre, *flash* ! Deuxième photo. La troisième a été prise lorsque le Bêta grimpait sur moi en m'attrapant les cheveux et les lunettes, et la quatrième lorsqu'il avait déjà réussi à monter sur moi et qu'il était devenu fou furieux, prêt à me mordre le visage. La machine s'est arrêtée brusquement et nous avons cessé de nous battre. Nous sommes restés là, sans bouger, le Bêta sur moi, nos deux têtes complètement collées l'une contre l'autre, soufflant et transpirant. Nous étions dans la position idéale pour prendre la photo qu'aurait souhaitée n'importe quel grand-père qui va se faire opérer de la prostate. Mais nous avions raté l'occasion. Nous sommes sortis de la cabine pour attendre les photos. Les quatre photos sont arrivées : on aurait dit un extrait d'un film d'enfants criminels. A côté de la cabine, il y avait un vendeur de cadres en plastique. Nous en avons acheté un pour les quatre photos. Le type qui les vendait rajoutait la phrase que tu voulais,

du genre : « Papa, ne roule pas trop vite », mais comme celle-ci tout le monde la connaît et que, en plus, mon grand-père n'est pas mon père et ne conduit pas, nous lui avons demandé d'écrire : « Tes petits-enfants ne t'oublient pas. » Quand nous sommes remontés chez nous et que nous l'avons donné à mon grand-père, il est devenu muet à cause de l'émotion.

– Nous avons fait comme si nous étions en train de nous bagarrer, lui ai-je dit, pour que tu te souviennes de nous comme nous sommes d'habitude. Tu aimes la phrase ?

– Beaucoup, a-t-il répondu sur le point de pleurer. Si un jour je ne suis plus là, je veux que vous me mettiez la même au cimetière.

C'est nous qui nous sommes mis alors à pleurer parce que, parfois, mon grand-père y va un peu fort.

– Ne faites pas attention à lui, a dit ma mère, il vous dit ça pour que vous lui fassiez des bisous.

Et nous lui en avons fait six ou sept, et quelques-uns en plein sur la bouche, pour qu'il se taise et ne dise plus de bêtises avant de partir.

BRAS DE POULET

Ma mère n'a pas voulu nous emmener à l'hôpital parce qu'elle disait que ce n'était pas un beau spectacle pour des enfants de l'enfance, et aussi parce que les enfants dans les hôpitaux embêtent toujours les personnes malades. Ils se couchent sur le lit des malades moribonds et ils débranchent leur goutte-à-goutte vital, ils passent leur temps à tourner la manivelle qui monte ou descend le lit des personnes opérées car cela fait beaucoup rire ces enfants d'entendre le malade moribond crier : « Aïe, j'ai la cicatrice qui me tire, j'ai les points qui me tirent ! » Si bien qu'à la fin une infirmière grosse comme un camion entre dans la chambre et dit à la mère de ces enfants : « Emmenez-les, s'il vous plaît, madame, emmenez-les dans un lieu où je ne puisse jamais les rencontrer, ou sinon, je leur injecte un calmant que j'ai dans la poche de ma blouse et je les mets dans la salle des enfants endormis de l'hôpital, une salle spécialement réservée pour les enfants insupportables ! »

Voilà ce que nous a dit ma mère qui, comme tu peux le constater, ne se gêne pas pour faire peur à ses propres enfants. Même qu'elle joue devant nous l'infirmière hypnotiseuse d'enfants, avec une tête de mère empoisonneuse à te faire .... (remplis toi-même) dans ta culotte. Le Bêta s'était déjà caché dans le meuble-bar, et moi, quoique je sois un enfant assez vieux, je ne pouvais pas m'empêcher d'imaginer cette salle pleine d'enfants endormis sur des brancards, des dizaines et des dizaines d'enfants anesthésiés, pendant des jours et des jours, comme punition pour avoir embêté les malades moribonds. Même si je savais que ma mère racontait cette histoire pour que le Bêta la laisse partir seule à l'hôpital, et que je connaissais le truc, je suis un enfant très sensible, et ces choses-là m'impressionnent. Je devrais être habitué, car une fois j'avais dit au Bêta, pour ne pas l'emmener au supermarché, que les enfants qui sautaient dans les Caddie et couraient dans les couloirs, on les enfermait dans des cages et on les laissait dans la section des animaux pour que les gens leur lancent des cacahouètes. Une autre fois, elle nous a dit que, si nous ne nous couchions pas, mon père ne rentrerait pas vendredi. Enfin bref, je sais qu'elle se sert de ces ignobles mensonges pour que le Bêta obéisse, car c'est un enfant (je le dis publiquement) bien plus mal éduqué que moi, mais après, quand le Bêta se met à pleurer, ma mère dit : « Ah, mon petit pleurnichard », et le Bêta recommence à faire tout ce qui lui passe par la tête, sa grosse tête.

Ma mère était donc en train de nous mettre la peur dans le corps quand soudain le téléphone a sonné et, comme nous étions dans cette atmosphère de terreur, rien qu'à l'entendre nous sommes partis en courant, le Bêta dans le meuble-bar qu'il a fermé de l'intérieur, et moi sous le canapé.

Nous nous sommes tout de suite rendu compte que c'était mon vieux monsieur, qui appelait avec le portable du vieux monsieur qui était dans le lit d'à côté. Il a dit à ma mère qu'on lui avait fait tous les examens du monde (mondial), qu'on allait l'opérer dans deux heures, et qu'il voulait qu'elle nous emmène à l'hôpital pour pouvoir nous dire au revoir avant l'anesthésie qu'on allait lui faire, car c'était une anesthésie totalement générale. Ma mère a répondu non pas question, que les enfants dans les hôpitaux sont de vraies pestes, mais nous avons entendu crier mon grand-père dans le portable de l'autre grand-père et ma mère a dû dire bon d'accord, chaque fois c'est pareil.

Le problème c'est qu'elle avait tellement fait peur au Bêta avec ses histoires d'infirmière terrifiante que nous avons eu beaucoup de mal à le sortir du meuble-bar, à l'habiller, à le faire monter dans le bus et à le faire descendre car il était agrippé à son siège comme une sangsue, puis à le faire rentrer dans l'hôpital car, dans le hall, il s'est agrippé au pantalon d'un monsieur, au point qu'il a failli le lui baisser. Heureusement que c'était un de ces hommes bizarres qui, je ne sais pas pourquoi, rigolent des trucs des enfants de l'enfance, et il a dit à ma mère :

– Madame, ne vous inquiétez pas, je le comprends très bien, si ça ne tenait qu'à moi, on ne me verrait pas mettre les pieds là-dedans.

La peur du Bêta a disparu lorsque nous lui avons acheté un Kit-Kat, un Crunch et des Smarties, car c'est un enfant qui aime consommer et ça le console de ses malheurs que ma mère dépense de l'argent pour lui. Pour ça, je ne vais pas le critiquer car je suis pareil. Il faut bien que nous soyons frères pour quelque chose.

Lorsque nous sommes arrivés dans sa chambre, mon pauvre grand-père était en train de regarder manger le monsieur d'à côté, celui avec le portable. Le Bêta a pris un morceau de pain au monsieur, l'a trempé dans la soupe et a été le donner à mon grand-père, mais il a dit que l'infirmière l'avait prévenu qu'avant une opération on ne pouvait rien manger, même pas ses ongles. On n'avait pas seulement enlevé à mon grand-père sa nourriture, on lui avait aussi enlevé ses vêtements. Il était recouvert d'un drap et avait les bras à l'air, des bras très maigrichons, avec un peu de peau qui pendait. C'est dans ces instants-là qu'on voit que moi et mon frère nous pensons la même chose, car le Bêta est monté sur le lit et, en touchant avec la pointe de ses doigts (comme si ça le dégoûtait un peu) la peau qui pendait des bras, il a dit :

– Grand-père a des bras de poulet.

Nous avons tous éclaté de rire. Ma mère aussi, bien qu'elle ait dit après :

– Bon allez, ne commencez pas à vous énerver, je vous connais.

Mais il était trop tard, le Bêta sautait déjà sur le lit en chantant :

– Bras de poulet, bras de poulet !

Et moi, pour mettre de l'ambiance, je montais et descendais le dossier du lit. Ma mère nous regardait en disant :

– J'en étais sûre, c'était couru d'avance !

Elle a demandé au camarade de mon grand-père son téléphone pour appeler Louisa et la tenir au courant. Pendant ce temps, nous n'arrêtions pas de rigoler. J'ai entendu le monsieur malade dire à mon grand-père :

– Vous avez encore de la famille qui doit vous rendre visite ?

Mais mon grand-père n'a pas eu le temps de répondre que nous étions ses seuls petits-enfants sur la terre, les héritiers de son livret de Caisse d'Épargne et de ses waters de Mota del Cuervo car, à ce moment, est entrée l'infirmière empoisonneuse, et elle a dit :

– L'heure est arrivée.

LA GRILLE DÉNONCIATRICE

Après que l'infirmière a prononcé sa phrase : « C'est l'heure ! », il y a eu comme un silence de mort. Un silence de mort tellement mortel que nous pouvions entendre la pomme d'Adam de mon grand-père monter et descendre à cause de la salive qu'il devait avaler en voyant cette énorme infirmière plantée devant lui. Le Bêta l'a à peine vue qu'il a fourré sa tête sous l'oreiller du lit de mon grand-père. C'est le genre d'enfant qui croit qu'en se cachant la tête il devient invisible. L'année dernière encore, Louisa et ma mère jouaient avec lui à un petit jeu qui me rendait cardiaque. Ce petit jeu consistait à mettre une serviette sur la tête du Bêta, puis ma mère et Louisa disaient : « Coucou ! », il enlevait alors la serviette et ils disaient tous les trois : « Ouaaah ! », et ils se mettaient à rire comme des fous. Avec leur petit jeu de coucou-ouaaah !, elles ont réussi à faire croire au Bêta qu'en se couvrant la tête il allait disparaître, et plus personne ne peut lui prouver le contraire. Des fois, quand il n'aime pas ce qu'il doit manger, il se met à tourner dans le salon et ma mère le poursuit avec la cuillère pleine à la main. Au moment où elle va le coincer, il prend la serviette qu'il a autour du cou, se la met sur la tête et dit :

– Bébé pas là.

Et ma mère peut le gronder, l'insulter, le menacer des châtiments les plus terribles d'une mère, rien n'y fait : il n'est pas là, il n'est pas là. Je crois qu'il s'est lui-même convaincu que personne ne peut voir son gros corps ni sa grosse tête sous la serviette. J'ai prévenu ma mère, je lui ai dit que ce jeu de coucou-ouaaah ! allait nous attirer des ennuis, mais elle m'a répondu : « Ce que tu peux être désagréable avec ton frère, ça n'a pas l'air de te faire plaisir que nous jouions un peu avec lui. »

Mais revenons à la scène de l'hôpital : la pomme d'Adam de mon grand-père montant et descendant ; le Bêta devenu invisible et les autres, paralysés. L'infirmière a souri en nous voyant tous immobiles. Il y a deux sortes d'infirmières : les méchantes et celles qui font les gentilles. L'infirmière de mon grand-père faisait partie de la deuxième catégorie, la pire. Son sourire ne me disait rien qui vaille. Elle avait la main dans sa poche et j'ai commencé à penser qu'elle tenait une aiguille endormante prête pour nous, pour moi et pour le Bêta, pour nous la planter dans le dos au premier moment d'inattention. Tu vois ce qui arrive avec les histoires que nous raconte ma mère. Les enfants de l'enfance, nous sommes très impressionnables et ensuite nous ne faisons confiance à personne.

Deux infirmiers super-costauds sont entrés et ont

levé mon grand-père du lit comme si c'était une plume et l'ont mis sur un brancard. Il a avalé sa salive pour la dernière fois et nous a dit :

– Allez, les enfants, ne faites pas cette tête, on va juste m'enlever la prostate.

Ça me faisait de la peine qu'ils lui enlèvent. Que veux-tu, tu t'habitues à un grand-père avec prostate, et t'imaginer qu'il n'en a plus, ça ne t'enchante pas. J'ai essayé d'arranger ça comme j'ai pu :

– Grand-père, qu'est-ce qu'ils font avec la prostate qu'ils enlèvent aux gens ?

– Eh bien, ils la jettent à la poubelle.

– Ils en font des crèmes pour femmes, a répondu un des infirmiers costauds, et ils se sont mis tous les deux à rire en poussant le brancard de mon grand-père dans le couloir.

Ma mère et moi nous les avons accompagnés. Le Bêta est sorti de la chambre et s'est accroché au brancard, il s'était mis, au cas où, une serviette de toilette sur la tête.

– En voilà des petits-enfants qui aiment leur grand-père, a dit l'infirmière qui faisait la gentille.

– Grand-père, grand-père, tu peux dire au monsieur chirurgien de ne pas la jeter ?

– Oui, car j'ai besoin d'une crème hydratante, a dit ma mère, et tout le monde a éclaté de rire.

Je dois avouer que, parfois, j'ai l'impression que ma mère n'a pas de sentiments. J'ai fait comme si je n'entendais rien.

– Grand-père, je te la garderai en souvenir. Je peux

l'apporter au laboratoire de mon école, ou la garder dans une boîte et commencer une collection de déchets humains. Comme Louisa, qui a gardé l'appendice de Barnabé dans un flacon.

– Ne t'inquiète pas, je le lui dirai.

– Surtout n'oublie pas.

Le brancard s'est arrêté devant la porte de l'ascenseur. Ma mère a posé un bisou sur le front de mon grand-père, comme si elle l'aimait beaucoup, et lui a dit :

– Allez, papa, ne t'en fais pas, nous serons dans la chambre avec toi quand tu te réveilleras.

Puis elle a pris le Bêta dans ses bras pour qu'il lui donne un autre bisou. Pour le lui donner, le Bêta a levé un peu le bout de sa serviette. Puis je lui en ai donné un, très fort, avec un gros smack très bruyant.

Les portes de l'ascenseur se sont ouvertes et l'infirmière qui faisait la gentille a dit :

– Allez, les petits gars, on ne va rien lui faire à votre grand-père.

– Il faut dire qu'ils l'aiment plus que leur propre mère, a expliqué ma mère pas très contente.

Moi, j'étais déjà presque convaincu qu'ils avaient raison, que l'opération n'avait pas d'importance, et que t'enlever la prostate c'était comme t'enlever une crotte de nez, quand soudain ma mère a mis le pied entre les deux portes de l'ascenseur pour ne pas qu'elles se ferment, et a demandé brusquement d'une voix au bord du désespoir :

– Papa, où as-tu laissé la grille du Loto que tu as achetée ?

Je me suis alors souvenu d'une histoire que nous avions vue à la télé, où un vieux mourait sans dire à sa famille où il avait mis la grille, et cette grille était celle du gros lot et tous les journaux de la télé montraient la famille du vieux qui disait que quelqu'un la lui avait volée en traître : l'embaumeur ou le fossoyeur ou quelqu'un de ce genre-là. Et je me suis souvenu que mon grand-père avait dit :

– Ne vous inquiétez pas, lorsque je devrai mourir je vous laisserai une lettre pour vous expliquer où je l'ai mise.

Ma mère lui avait répondu :

– Ça vaut mieux, car sinon après, c'est la honte d'aller à la télé pour dénoncer l'affaire en public.

Cette question sur la grille de Loto avait éveillé en moi les pires soupçons : mon grand-père était peut-être en danger et personne ne voulait nous le dire.

– Je crois que je l'ai laissée sous le verre où je mets mon dentier.

Ç'a été ses dernières paroles avant que les portes de l'ascenseur ne se referment. Allais-je revoir Ex-Superprostate ?

Deuxième partie

Deux enfants plutôt abandonnés

NOTRE VIE À L'HÔPITAL

Ma mère nous a dit qu'elle allait nous ramener chez nous car, lorsque mon grand-père sortirait de l'ascenseur dans lequel on venait de le mettre, mais cette fois sans prostate et avec une entaille, il n'aurait pas le courage de supporter deux enfants casse-pieds prêts à l'embêter. Ces deux enfants casse-pieds, c'étaient moi et le Bêta. Nous lui avons promis que nous allions tellement bien nous conduire qu'elle ne reconnaîtrait pas les enfants, et elle a dit :

– Bon, d'accord, mais attention, à la première occasion, je vous renvoie direct à Carabanchel.

Ma mère avait encore dans la main le portable du compagnon de mon grand-père, du coup elle est restée dans le couloir et en a profité pour passer des coups de fil urgents à différentes amies avec qui elle parle tous les après-midi. Nous avons décidé de ne pas la gêner et nous avons commencé à nous promener avec les vieux moribonds de l'étage. Le Bêta avec sa serviette sur la tête, nous marchions à la même vitesse que les vieux, c'est-à-dire comme dans les défilés. Il y avait trois vieux devant nous. Ils portaient tous une chemise de nuit et un sac à la main avec dedans un liquide jaune, que nous ne connaissions pas. Certains vieux avaient seulement un peu de liquide et d'autres avaient leur sac plein. Lorsque nous arrivions au bout du long couloir, nous nous retournions et nous repartions dans l'autre sens. C'était assez ennuyant car nous allions très lentement, mais au moins on pouvait dire que nous nous étions intégrés aux patients de l'hôpital. En plus, je devais faire attention à ce que le Bêta ne tombe pas car, avec sa serviette sur la tête, il voyait que dalle. Le vieux de devant s'est retourné et m'a dit de faire attention que mon frère ne se prenne pas les pieds dans le câble du sac. Je me suis dit qu'à l'hôpital, on attachait aux vieux ce sac avec un câble pour que personne ne puisse le leur enlever. Je me suis aussi rendu compte que lorsque l'on se promène dans les couloirs d'un hôpital avec des malades moribonds, il faut garder une distance réglementaire pour ne pas se cogner. C'est une règle de la direction générale de la circulation. J'étais en train d'essayer d'expliquer ça au Bêta, qui est un enfant qui ne garde ses distances avec personne, quand il s'est cogné contre le vieux et s'est agrippé au sac pour ne pas tomber. Le vieux a attrapé le sac jaune, comme si c'était de l'or liquide, et le Bêta s'est étalé par terre. Sans se relever, il a regardé le vieux avec des yeux pleins de colère contenue et a cherché ma mère de tous les côtés. Lorsque, enfin, il l'a aperçue dans un coin en train de parler au téléphone et que ma mère l'a vu étendu par terre, il a fait une chose à laquelle je m'attendais : il a poussé un hurlement. Tous les vieux du couloir en sont restés paralysés, et il a commencé à pleurer comme s'il était un enfant possédé. Ma mère a dit à la personne avec laquelle elle parlait au téléphone :

– Bon, je te rappelle, le petit vient de tomber.

Lorsqu'elle est passée à côté du vieux, elle lui a lancé :

– Vous pourriez faire plus attention, il a failli se casser les dents.

– Et lui, il me marche sur les pieds depuis une demi-heure et a failli arracher mon sac.

Ce vieux était scotché à son sac. Le Bêta et moi nous nous sommes assis dans le couloir pour ne plus provoquer d'accidents avec les malades moribonds, et ma mère a recommencé à passer des coups de fil urgents. Nous avons entendu un monsieur qui disait qu'il n'y avait pas beaucoup de lits à l'hôpital et que des malades avaient été mis dans le couloir. Moi et le Bêta nous avons eu la même idée : nous devions garder le lit de mon grand-père pour pas qu'un malade sans-gêne vienne le lui enlever.

Nous sommes rentrés dans la chambre ; le camarade vieux de mon grand-père s'était endormi. J'ai monté le Bêta sur le lit, en le poussant par les fesses, car c'est ce qu'il a de plus lourd, puis je suis monté. Nous avons joué pendant un moment à être des malades moribonds. Je faisais celui qui mourait, arrivait alors le Bêta avec des superpouvoirs qu'il me lançait avec ses doigts et je revenais de la mort en pleine forme. Une fois, j'ai fait le mort assez longtemps pour que le jeu soit plus palpitant, et le Bêta m'a lancé ses pouvoirs au moins dix fois. Il a commencé à devenir nerveux et j'ai failli éclater de rire, mais je me suis retenu, je riais en dedans.

– Manolito mort non ! Mort non ! Manolito vivant !

Il était sur le point de pleurer et moi de rigoler quand cette espèce de cochon n'a rien trouvé de mieux que de me cracher au visage.

– Mais tu es dégoûtant ! Déjà que je joue avec toi, en plus tu me craches dessus !

Nous sommes restés un temps sans nous parler, chacun regardant un coin du lit mais, finalement, j'ai dû faire la paix avec lui car je lui ai ordonné de réveiller le monsieur d'à côté pour voir si nous pouvions mettre la télé.

Le Bêta lui a tapé un peu le bras, mais le monsieur n'a pas bougé d'un poil.

– Il est mort ? m'a demandé le Bêta.

– Non, non, non ! ai-je crié car il allait le ressusciter avec un de ses crachats ressusciteurs.

Le monsieur s'est réveillé à cause des cris et le Bêta, qui est un enfant qui n'y va pas par quatre chemins, lui a dit :

– La télé.

– Quoi la télé ?

– Manolito et bébé veulent la voir.

– Oui, mais c'est payant.

Le Bêta a tendu sa main ouverte.

– Donne l'argent à bébé pour la télé.

– C'est vraiment incroyable, a dit le monsieur, et il lui a donné une pièce pour la télé.

Le Bêta l'a mise dans la tirelire de la télé, a pris la télécommande, et est venu en courant vers le lit. J'ai dû le tirer car il ne pouvait pas monter tout seul. Il y avait une corrida. Le monsieur d'à côté a dit qu'on laisse cette chaîne, mais je lui ai répondu que nous ne pouvions pas regarder la corrida car c'était interdit par le défenseur du mineur. J'ai mis un dessin animé superennuyeux mais qui plaît au Bêta, et il a chanté de toute la force de ses poumons la chanson du début, qu'il connaît par cœur. A un moment, on a apporté son goûter au monsieur. L'infirmier nous a donné, sans se gêner, un paquet de gâteaux et ensuite nous avons mangé tout ce que le monsieur malade n'a pas voulu. En fait, la vie à l'hôpital commençait à beaucoup nous plaire. Ma mère est entrée et a rendu le portable au monsieur malade.

– Il n'a plus de réseau. Mais ce n'est pas de ma faute, vous pouvez vérifier.

– Ce n'est pas de votre faute ? Vous avez utilisé toute la batterie, madame. Vous n'auriez pas appelé à l'étranger… ?

– Ah non. J'aurais pu, remarquez, mais je suis quelqu'un d'honnête, a répondu ma mère d'un air indigné.

Le Bêta est descendu du lit et s'est mis devant elle car il est entraîné à attaquer si quelqu'un en veut à ma mère. C'est elle, personnellement, qui l'a entraîné. Nous étions en train de vivre ces minutes de grande tension quand les deux brancardiers costauds ont annoncé le retour d'Ex-Superprostate.

– Le voilà. S'il vous plaît, réveillez-le tout de suite,

ne le laissez pas dormir, il faut qu'il reprenne ses esprits.

Nous avions une mission à accomplir : le maintenir éveillé à n'importe quel prix.

– Ces deux-là, laisser dormir quelqu'un ? Vous ne les connaissez pas.

LA MAMAN DU BÊTA

Les brancardiers costauds ont mis mon grand-père sur le lit, tandis que lui faisait : « Ah, ah, ah... », car c'était un grand-père qui sortait d'une anesthésie. Moi et le Bêta nous voulions enlever son drap pour voir si la cicatrice qu'on lui avait faite était tracée à la règle, car autrement nous pensions demander le livre des réclamations, mais les brancardiers costauds ont mis leurs grosses mains sur nos épaules, ce qui nous a fait mourir de peur, et nous ont dit qu'il fallait le tenir éveillé sans le toucher. Deux secondes plus tard ils avaient disparu et nous avons commencé à nous rendre compte combien il est difficile d'être avec un grand-père sans le toucher, car nous sommes des enfants qui allons toujours sur les gens pour les piétiner et démontrer ainsi la grande affection que nous avons pour eux.

Mon grand-père nous faisait beaucoup de peine car, en plus de dire « Ah... » à chaque instant, il voulait dormir et nous ne le laissions pas ; nous lui disions à l'oreille :

– Ne t'endors pas, grand-père, ne t'endors pas car tu serais en danger de mort.

Mais il ne nous écoutait même pas. Ma mère était partie téléphoner dans une cabine car elle avait vidé la batterie du portable, et nous avons décidé de remonter la tête du lit avec le levier afin que mon grand-père n'ait pas d'autre solution que d'ouvrir les yeux. Nous avons demandé une autre pièce au monsieur malade et nous avons mis la télé à mon grand-père avec le lit levé comme si c'était un fauteuil. Il ne disait plus : « Aahhh », il disait maintenant : « Aaaïïïïïe ! » Et le monsieur d'à côté a appuyé sur une sonnette qu'il avait près de sa petite table, ce sacré mouchard, et la gigantesque infirmière est apparue à la porte.

– Regardez ce qu'ils ont fait à ce pauvre homme.

C'est vrai que mon grand-père se tordait sur un côté et avait l'air terrorisé, avec la bouche ouverte et la tête de travers.

L'infirmière nous a demandé qui nous avait si mal élevés pour que nous soyons des enfants bourreaux de grands-pères, et le Bêta a répondu « Ma maman », avec ce sourire qu'il a quand il parle d'elle, car je crois que s'ils le pouvaient, le Bêta et ma mère nous mettraient tous dehors, mon père y compris, et ils resteraient tous les deux tout seuls comme deux amoureux de l'amour.

L'infirmière a appuyé très fort sur le levier du lit, qui est devenu tout de suite horizontal avec mon grand-père allongé dessus. Nous l'avons entendu qui disait d'une voix très basse :

– Aïïïe !

Le monsieur de la chambre a dit :

– Ils vont finir par le tuer.

L'infirmière lui a répondu sans le regarder :

– Taisez-vous.

La maman du Bêta, « sa maman », comme il aime dire, qui semble ne pas remarquer que je suis arrivé avant sur cette planète et qu'elle est aussi la mienne, sa maman était devant la porte, et nous nous sommes mis tous les deux à trembler car, s'il y a bien quelque chose de pire dans ce monde qu'une infirmière empoisonneuse, c'est ta propre mère quand elle est fâchée. Mais, comme la maman du Bêta est imprévisible, au lieu de nous engueuler devant les gens comme elle fait presque toujours, cette fois-ci elle nous a défendus :

– Les petits anges… Ils ont fait tout ça parce qu'ils aiment beaucoup leur grand-père.

– Il y a des amours qui tuent, madame, a dit le monsieur malade d'à côté qui, je crois, nous en voulait particulièrement.

– Le mieux serait que vous les emmeniez, a dit l'infirmière géante, et qu'ils ne reviennent pas avant que cet homme ait un peu récupéré.

– Faites-lui un bisou, a dit la maman du Bêta.

– Doucement, a dit la géante.

Moi et le Bêta nous nous sommes approchés de grand-père.

– Grand-père, nous devons partir car ils ne veulent pas qu'on reste. Nous on resterait bien, mais ils disent qu'on te gêne.

Le Bêta n'a pas voulu qu'on le soulève, il a pris une

chaise et il est monté tout seul dessus. Il a comme ça des accès d'indépendance.

– Grand-père n'a pas prostate, il a bobo.

Voilà le diagnostic que le Bêta a fait à l'oreille de mon grand-père.

Celui-ci a fait oui de la tête.

– Prends la tétine de bébé.

Le Bêta l'a sortie de sa poche et l'a mise sous l'oreiller.

Nous étions, ma mère et moi, les seuls à connaître l'importance du cadeau que venait de faire le Bêta. Il lui avait donné sa grande tétine : celle que j'avais jetée par la fenêtre le jour de son anniversaire et que j'avais dû aller chercher dans la rue ; celle qui était tombée dans les W.C. car il adore regarder son produit intérieur brut pour savoir s'il est grand, et un jour il était d'une taille tellement impressionnante que mon frère a dit : « Ooohhh ! », et en disant : « Oh ! », elle lui est tombée de la bouche, ma mère a voulu ensuite la jeter mais il a pleuré si fort qu'elle a dû la faire bouillir dans l'eau et la lui rendre ; la tétine la plus vieille de sa collection, presque une pièce de musée, celle que nous appelons tous la « titi » ; celle que Bonie avait volée une fois et qu'elle avait emportée dans son panier, et que Louisa nous avait rapportée en disant à ma mère que le Bêta pouvait refiler le rhume à Bonie ; celle qu'il trempait dans toutes les sauces, en en mettant juste un peu au bout, comme s'il était un cuisinier 3 étoiles ; celle qu'il allait chercher tous les soirs à dix heures, après dîner, et avec laquelle il s'allongeait

ensuite sur le canapé en disant déjà son célèbre « gogno, gogno, gogno » ; la tétine pour laquelle il pleurait comme un veau dès qu'il la perdait ; la tétine que nous cherchions dans toute la maison, des fois même jusque dans celle de Louisa, à l'entrée de l'immeuble, au Tropezón, car nous avions peur que si nous ne la retrouvions pas il se mette à hurler toute la nuit ; la tétine pour laquelle mon père avait dû rentrer dormir un lundi car elle était tombée sur le siège du camion lorsque nous étions montés lui dire au revoir ; la tétine à cause de laquelle mon père avait dû faire presque quatre cents kilomètres pour que le Bêta dorme cette nuit-là, et en descendant du camion il avait la tête de quelqu'un de très fâché, une tête que ni moi ni le Bêta n'avions jamais vue, et quand ensuite il s'est approché de nous, nous avons eu une peur terrible, et il a sorti la tétine de sa poche en criant :

– Quel est celui qui a laissé tomber ça dans mon camion ?

Nous nous sommes mis tous les deux à trembler car nous n'avions jamais vu notre père transformé en cet ogre qui se dressait devant nous. Le Bêta a commencé à pleurer et moi aussi, au cas où cela servirait à quelque chose, et alors mon père nous a dit que c'était une blague. Et grâce à la tétine du Bêta, nous n'avons plus jamais cru au numéro du père terrifiant. Et grâce à cette tétine, nous avons eu mon père un lundi soir à la maison. Ma mère a dit en riant :

– Si j'avais su, c'est moi qui t'aurais laissé la tétine sur le siège pour que tu restes à la maison tous les lundis.

C'était donc cette tétine que le Bêta avait mise sous l'oreiller de mon grand-père. Pour que tu te fasses une idée de la valeur du cadeau. Il valait presque autant que la médaille de l'amour de la fête des mères ou qu'un diamant. Les yeux de la maman du Bêta se sont remplis de larmes, et les miens aussi, mais je les ai cachées car je ne voulais pas donner au Bêta encore plus de points qu'il n'en avait déjà remportés.

– Grand-père, lui ai-je dit, tu veux que je te mette tes dents avant de partir ?

– Il n'a pas besoin de dents pour l'instant.

La maman du Bêta nous a pris par la main et nous a dit qu'elle nous emmenait chez Louisa. Nous sommes partis de l'hôpital avec une espèce de nœud dans la gorge qui nous empêchait presque d'avaler.

DEUX ENFANTS PLUTÔT ABANDONNÉS

Ma mère, ou comme je disais dans le chapitre d'avant, la maman du Bêta, car on dirait qu'il n'y a qu'eux deux au monde, la maman de mon frère donc, a mis des vêtements de rechange dans notre sac à dos, nous a regardés comme si nous n'étions pas ses enfants mais deux enfants qu'elle venait de trouver au coin de la rue, et a pensé à voix haute :

– Je vais appeler Louisa pour voir si elle ne peut pas garder ces deux-là quelques jours.

Mais pendant qu'elle faisait le numéro de téléphone, elle a eu une meilleure idée et tout en continuant à penser à voix haute, elle a dit :

– Non, il vaut mieux que je ne l'appelle pas, car si je l'appelle, elle va peut-être me dire non, que c'est dommage, qu'elle a beaucoup de choses à faire, qu'elle adorerait s'occuper de ces deux pauvres enfants, elle qui les aime tant, qu'elle les a élevés comme si c'étaient les siens, qu'ils ont passé plus de temps dans cette maison que dans celle de leur mère, mais qu'elle ne peut pas les prendre car elle a rendez-vous pour une épilation électrique.

Elle nous a regardés un instant puis s'est remise à parler comme si nous n'étions pas là :

– Quel faux-jeton. Moi qui lui arrose ses plantes en été, qui lui prends son courrier, qui monte et descends ses volets pour pas qu'on la vole. Moi qui la supporte encore plus que son mari, qui est devenu chauve à force de vivre avec elle ! Cette fois, je ne vais pas lui demander : « Écoute, Louisa, ça ne te dérangerait pas de garder les enfants ? Ils ne peuvent pas rester avec moi à l'hôpital. » Je ne lui demanderai pas. Cette fois, elle les gardera aussi vrai que je m'appelle Catalina.

Et après avoir dit ça, elle a ouvert la porte de la maison et a crié en l'air (car elle continuait à ne pas nous voir) :

– Allons-y !

Elle a disparu et nous avons dû la suivre en courant, elle allait tellement vite que je voulais déjà faire une pause. Elle est arrivée devant la porte de Louisa et, au moment d'appuyer sur la sonnette, elle s'est arrêtée.

– Je la vois déjà cette hypocrite, a-t-elle dit en colère, se pointer en robe de chambre à fleurs et me balancer à la figure : « Ah, quel dommage, pourquoi tu ne me l'as pas dit plus tôt, moi qui adore m'occuper des petits ? Aujourd'hui, je ne peux pas, j'ai pris rendez-vous pour un massage anticellulite. » Quel toupet cette Louisa franchement, quel toupet, il y en a que pour elle, quand c'est pas ses massages c'est ses courses, et moi pas une seule fois elle ne me rend service. Elle va voir ce qu'elle va voir.

Nous la regardions le plus fixement que nous pouvions, jusqu'à nous faire mal aux yeux. Il faut dire qu'il y a des fois où ma mère se met à parler toute seule, comme si c'était la chose la plus normale. Ça lui prend d'un coup, et ne crois pas que ça la gêne que nous allions ensuite raconter à mon père qu'elle nous fait peur. Elle lui répond :

– Comment veux-tu que je ne parle pas toute seule si je suis seule toute la semaine ?

Comme tu vois, pour ma mère, c'est comme si on était personne.

Toujours est-il que soudain elle nous a fait un de ces sourires à te faire peur, et nous a dit :

– Bon, les enfants, soyez sages, les gens n'ont pas à savoir comment vous êtes vraiment. Quand Louisa ouvrira la porte, dites-lui que je suis partie, que le grand-père a perdu une agrafe. Au revoir.

Après avoir prononcé cette phrase terriblement énigmatique, elle a appuyé sur la sonnette et s'est mise à descendre les escaliers comme une folle. Si bien que, lorsque Louisa a ouvert la porte, moi et le Bêta nous étions là tous les deux, chacun avec son sac de vêtements de rechange et plutôt abandonnés.

Louisa nous a ouvert en robe de chambre à fleurs (ma mère est devin), avec de longs bâtons qu'elle avait achetés pendant la semaine du Japon pour attacher ses cheveux, et avec Bonie dans les bras.

– Qu'est-ce qu'il y a, vous n'êtes pas à l'école ?

Je ne savais pas quoi dire. Encore heureux que le

Bêta, grâce à son grand don de la communication, lui a expliqué en trois secondes :

– Manolito et bébé restent ici.

Il l'a poussée sans se gêner et est entré chez elle comme si de rien n'était.

– Comment ça vous restez ici ?

– Voici nos pyjamas et nos vêtements de rechange, ai-je dit.

– Hum, cette histoire de pyjamas ce ne serait pas encore un message codé de ta mère ?

– Le pyjama c'est pour dormir, a répondu le Bêta.

– Et où est-elle passée ta mère, qu'elle n'a même pas été capable de dire : « Voilà mes enfants » ?

– Elle a dû partir de toute urgence à l'hôpital.

– Bonne excuse. En fait, ça ne m'arrange pas du tout que vous restiez, vous me coupez la journée en deux. Ta mère ne manque pas de culot… elle n'en fait toujours qu'à sa tête, comme ça l'arrange…

Louisa aurait continué sans pitié à casser du sucre sur le dos de ma mère mais, comme c'est quelque chose que le Bêta ne peut pas supporter psychologiquement, soudain, lui qui était resté jusqu'à maintenant très calme et s'était assis tout content sur le canapé, il a commencé à bouger le menton d'une manière qu'il est le seul à savoir faire et s'est mis à pleurer en silence, avec beaucoup de chagrin, comme quand ma mère n'est pas là. Sans rien dire, il est venu vers moi et est monté sur mes genoux comme si j'étais la seule personne qui pouvait comprendre son malheur. C'est alors que Louisa qui, au début, avait râlé de nous voir là et pesté contre ma mère pour être partie en courant, s'est mise à nous regarder avec Bonie dans les bras.

– Ce que je voulais dire c'est que j'aurais aimé parler à votre mère et lui demander : « Qui d'autre peut s'occuper de ces enfants mieux que leur Louisa ? »

Le Bêta s'est arrêté un instant de pleurer pour essuyer sa morve contre moi, et j'ai beau aimer mon frère j'aime aussi mon blouson de motard. Je l'ai laissé sur le sofa et ce gros cochon a voulu faire ce qu'il fait chez nous : se frotter le nez contre le siège. Mais Louisa est arrivée presque en volant avec un petit mouchoir et, tandis qu'elle le remplissait de morve interminable du Bêta, elle nous a dit :

– Bon, écoutez, le mieux c'est que j'appelle Barnabé, je m'habille, et nous allons tous les quatre manger dans un restaurant. Votre mère ne vous a pas laissé des vêtements plus beaux que ceux-là ?

Moi et le Bêta nous avons regardé les vêtements que nous portions.

– Ce sont les plus beaux que nous ayons. C'est notre survêtement du dimanche, et celui pour aller à l'hôpital voir mon grand-père.

Louisa nous a regardés de haut en bas sans se gêner une seconde et a déclaré :

– Il me semble, il me semble que vous avez besoin d'un changement à trois cent soixante degrés, et ses lèvres ont souri de façon très mystérieuse. J'y ai déjà pensé plusieurs fois mais sans jamais oser le faire. Maintenant que je vous ai sous la main, je ne vais pas rater l'occasion. Quand ta mère rentrera, elle ne va pas vous reconnaître…

Que nous voulait cette femme en robe de chambre avec ses bâtons sur la tête ? J'ai frissonné de tout mon corps. Et c'est moi qui me suis agrippé au Bêta.

CHEMIN DE PERFECTION

Louisa a enlevé sa robe de chambre à fleurs et a mis à la place une robe à fleurs, il faut dire que Louisa adore les fleurs : elle a des tableaux avec des fleurs, des roses en tissu dans les W.C. avec un désodorisant à l'intérieur du vase pour qu'elles ressemblent à de vraies fleurs, sur la terrasse des géraniums en plastique qui, vus d'en bas, passent pour des vrais, et les gens lui demandent :

– Louisa ! crient-ils de la rue. Comment fais-tu pour avoir de si beaux géraniums toute l'année ?

Alors elle nous regarde, morte de rire, en nous faisant un clin d'œil.

– J'ai toujours eu la main verte avec les fleurs !

Le Bêta a voulu entrer dans la chambre pendant que Louisa se changeait de fleurs, mais elle lui a dit non, non et non, ce qui ne m'étonne pas, car le Bêta, mine de rien et parce qu'il est petit, s'est toujours faufilé pendant que les femmes se déshabillent. Au début, elles ne le remarquent pas, mais soudain elles aperçoivent dans un coin un enfant qui accélère les mouvements de sa tétine. D'habitude il fait : « Gogno, gogno, gogno… » mais, quand la dame enlève sa robe, le Bêta dit à une vitesse vertigineuse : « Gnognognogno... » Nous aurions aimé appeler des scientifiques du monde entier pour qu'ils étudient la concentration mentale de mon frère au moment où les femmes changent de vêtements, mais ils doivent en avoir marre d'étudier des phénomènes paranormaux à Carabanchel, il faut dire que, dans mon quartier, il n'arrête pas d'y avoir des événements inexplicables.

En plus de faire ce bruit étrange : « Gnognogno... », le Bêta regarde fixement, sans sourciller une seule fois, la dame qui se déshabille. Certaines amies de ma mère lui ont dit :

– Catalina, cet enfant me regarde d'une manière, comment te dire, je ne sais pas...

D'autres qui se gênent moins :

– Catalina, cet enfant a quelque chose de bizarre.

Et Louisa, qui est la voisine la plus intime de ma mère et qui nous connaît le mieux :

– Catalina, à quatre ans, cet enfant a déjà un de ces culots.

Comme je disais donc, lorsque Louisa a déclaré : « Je vais vite me changer », le Bêta a couru vers elle, mais elle lui a fermé la porte au nez et il s'est senti un peu bête.

Louisa avait décidé de nous changer et de nous transformer en voisins que toutes les Louisa rêvent d'avoir. Nous étions très curieux de savoir comment elle allait nous changer car, d'après ma mère, nous sommes des enfants qui ne changeront jamais et lorsque nous changeons un peu c'est toujours pire qu'avant. D'autres enfants du monde seraient traumatisés que leur mère ait cette opinion d'eux, mais nous, nous avons un système (que les scientifiques de la planète devraient aussi étudier) grâce auquel les choses que nous dit ma mère nous entrent par une oreille et ressortent par l'autre. C'est un système appelé « lavage cérébral », et il est génétique : mon grand-père l'a et mon père aussi.

Lorsque nous sommes sortis avec Louisa, moi et le Bêta nous étions très contents, pour la première fois de notre vie, qu'il n'y ait pas d'ascenseur dans notre immeuble, car elle avait aspergé sa tenue à fleurs d'une demi-bouteille d'eau de Cologne, et en arrivant dehors le monde tournait autour de nous et nous étions sur le point de vomir.

Louisa nous a dit qu'elle nous emmenait à l'hypermarché qui venait d'ouvrir, pas celui où ma mère nous emmenait d'habitude, avec les slips au milieu des saucissons, elle nous emmenait dans un hypermarché de luxe, et lorsque nous irions chercher mon parrain Barnabé à sa boutique d'olives farcies, il n'allait pas nous reconnaître. Il dirait : « Mais, Louisa, d'où sortent ces enfants BCBG qui sont avec toi ? » J'ai expliqué à Louisa que je ne voulais pas ressembler à un BCBG parce que, dans mon quartier si on t'appelle comme ça, c'est fini, plus personne ne veut entendre parler de toi. Je ne sais pas très bien ce qu'est un BCBG, mais je sais que dans mon quartier, il n'y en a pratiquement pas Je crois que ce sont ceux qui portent un pantalon bleu en toile et qui ont les cheveux peignés avec la raie sur le côté. Heureusement que je ne suis pas concerné parce que nous, les García Moreno, nous avons un épi sur toute la surface du crâne, du coup ça nous fait des cheveux par-ci et par-là et jamais aucun peigne n'a pu en prendre le contrôle (troisième sujet d'étude pour les scientifiques).

Louisa m'a dit d'arrêter avec ces idioties de BCBG comme ci ou comme ça ; elle m'a dit que les enfants d'aujourd'hui ne pouvaient pas s'empêcher de toujours tout critiquer, et elle m'a parlé à un moment de la liberté et puis à un autre du libertinage, mais je n'ai pas bien compris car je me suis mis à penser à mes amis qui devaient être tous en classe, à faire comme s'ils étaient attentifs à m'dame Asunción parce que, si tu ne fais pas ça, elle le prend très mal et elle se fâche. J'en ai eu un sourire d'une branche à l'autre (de mes lunettes) de la joie immense de ne pas être avec eux, et j'écoutais Louisa en fond sonore parler des enfants d'aujourd'hui, qui ont un aspect horrible (je ne sais pas si elle parlait aussi de nous), des enfants sans aucune éducation se baladant tout le temps en survêtement avec des baskets qui sentent mauvais, qui puent même, qu'elle ne savait pas comment les maîtresses ne tombaient pas raides rien qu'en entrant dans la classe. J'ai alors imaginé une classe dans laquelle tous les élèves seraient habillés comme Louisa, avec des fleurs, et sentant tous l'eau de Cologne de Louisa, et moi le professeur, entrant dans la classe et recevant le choc parfumé, et tombant comme un mort au milieu de tous les élèves.

J'ai regardé le Bêta. Lui non plus ne l'écoutait pas

vraiment. Il avait sa petite idée derrière la tête, et sa dernière petite idée est de ne pas marcher sur les bandes blanches des passages piétons. Comme tu le vois, il est inutile de nous faire de grands discours car nous ne comprenons rien, pas parce que nous ne voulons pas, mais parce que notre cerveau ne le laisse pas entrer à l'intérieur : il l'expulse (autre phénomène à étudier par les scientifiques).

Louisa s'est arrêtée un moment de parler et moi et le Bêta nous avons respiré car, même si nous ne faisions pas attention à elle, l'écouter en fond sonore nous fatiguait. Elle s'est arrêtée de parler, et a montré le bâtiment qui se trouvait devant nos yeux !

– Voici l'hypermarché. Quand vous sortirez d'ici, vous ne serez plus les mêmes.

Je nous ai imaginés entrant par l'escalier roulant avec nos survêtements puants et ressortant par un autre à l'arrière du bâtiment, transformés en enfants péteux. Nous étions aux portes du grand édifice transformateur d'enfants. Ça me faisait un peu de peine de ne plus être qui j'étais, le Binoclard de Carabanchel, ou le type à lunettes, comme disait la maman du Bêta. Mais, plein de courage, je suis entré et suis monté sur l'escalier roulant accompagné du Bêta et de Louisa qui me tenait par la main. J'ai eu l'impression que l'ancien Manolito et l'ancien Bêta nous disaient au revoir depuis les portes de l'hypermarché. Tu penseras peut-être que je suis fou mais, cette nuit-là, lorsque le Bêta et moi étions couchés dans le lit d'invités de Louisa, le Bêta m'a dit qu'il avait pensé la même chose.

UN ENFANT SANS TRAUMATISMES

Louisa est partie en courant vers la section où nous allions être impitoyablement transformés. Et nous derrière elle. En fait, nous passons notre vie à courir derrière les femmes. Quand je dis les femmes, je veux parler de deux seulement, bien sûr : ma mère et Louisa.

Nous sommes montés par des escaliers roulants, sur des rampes, nous avons changé plusieurs fois d'étage, toujours en courant quand, soudain, sans prévenir, Louisa s'est arrêtée d'un coup sec, tellement sec que moi et le Bêta nous nous sommes écrasés contre ses fesses. Boing ! boing ! c'est le bruit qu'ont fait nos têtes contre les fesses en fleurs de Louisa. Mais elle ne s'en est même pas rendu compte car, lorsque nous l'avons regardée pour savoir à quoi était dû ce freinage, nous l'avons vue le sourire aux lèvres et elle a soupiré comme si elle avait enfin trouvé ce qu'elle cherchait. Elle avait trouvé. Sans bouger de place, elle a claqué des doigts, comme fait mon grand-père au Tropezón lorsqu'il veut que M. Ézéchiel lui serve un autre ballon de rouge et, à l'instant même où elle a claqué des doigts, deux demoiselles vendeuses sont apparues, et le Bêta et moi nous avons pensé que Louisa

était dotée d'un pouvoir. Au minimum, le pouvoir de commander.

Louisa était comme hypnotisée devant un piédestal où se tenaient deux enfants mannequins. Les demoiselles vendeuses lui ont dit bonjour, que désirez-vous et en quoi pouvons-nous vous aider, mais Louisa ne leur a pas répondu, elle semblait ne rien entendre. Puis, brusquement, comme si elle revenait à la réalité, elle a dit :

– Vous voyez ces deux enfants que j'ai amenés ?

Elle nous a montrés du doigt ; nous étions derrière elle, encore étourdis par le choc de nos crânes contre les parties postérieures du corps de Louisa.

– Eh bien, je veux qu'en sortant d'ici, ils ressemblent à quelque chose comme ces deux mannequins.

Pour la première fois, les demoiselles vendeuses nous ont regardés. Le Bêta et moi nous avons eu très peur en voyant que toutes les deux se grattaient le visage d'un air inquiet. Nous avons remis nos têtes derrière Louisa et nous avons complètement disparu car, derrière le corps de Louisa il y a de quoi cacher au moins trois autres enfants gros comme nous. Une des demoiselles vendeuses a déclaré, comme si une grande mission l'attendait :

– Ce ne sera pas facile, mais nous ferons ce que nous pourrons.

Les trois femmes (Louisa et les vendeuses) ont commencé à nous toucher un peu partout comme si nous n'étions pas des enfants vivants mais deux autres mannequins. Elles prenaient nos mesures avec un mètre et parlaient de tailles et de couleurs. J'ai insisté pour que Louisa ne m'achète pas un pantalon bleu sinon le frimeur de ma rue, Yihad, allait me rigoler au nez rien qu'en me voyant car, d'après lui, le bleu est la couleur des BCBG, et il dit que c'est démontré par les sociologues du monde entier. Mais Louisa m'a dit de me taire car mon avis n'avait aucune importance, qu'elle allait dépenser une fortune et que je ne devais pas faire en plus des remarques stupides, puis elle a parlé d'un cheval qu'on te donnait et dont il ne fallait pas regarder la bride.

Au bout de cinq minutes, elles étaient déjà chargées toutes les trois de je ne sais combien de pantalons et de chemises, Louisa tenait même une ceinture entre les dents. Nous sommes allés aux cabines d'essayage où il y avait une demoiselle gardienne de cabines, et je lui ai dit de compter tout ce que nous allions essayer pour que nous n'emportions rien. Les quatre femmes ont éclaté de rire car elles ont trouvé que j'étais un enfant plutôt marrant.

– Non, mon poussin, a dit la gardienne, ce n'est pas la peine, je sais bien que vous n'allez rien emporter.

– Moi non, mais mon frère oui. Quand la dame ne compte pas les habits qu'il met dans la cabine, il essaye de les enfiler sous ses propres habits. Il a vu une femme voleuse le faire dans un film et, depuis, il a pris l'habitude.

– Eh bien, ce n'est pas une belle habitude pour un enfant si petit, a répondu la gardienne.

– En plus, comme ces trucs-là ont une alarme qui

sonne quand tu passes par la porte, chaque fois on nous arrête à cause de quelque chose qu'il a mis dans son pantalon.

Toutes les femmes ont regardé le Bêta comme si c'était un monstre. Il m'a fait pitié, mais rire aussi, je dois l'avouer. Je suis un enfant compliqué.

– Mais je ne crois pas que ça soit pour voler, je crois qu'il fait ça parce qu'il aime entendre l'alarme sonner et voir tous les vigiles arriver à la porte.

Toutes les femmes ont alors remplacé la peur sur leur visage par un air de « pauvre petit, il aime entendre l'alarme sonner », ça leur a semblé très amusant et elles ont beaucoup ri. Du coup le Bêta a arrêté de me faire pitié, car comme d'habitude il avait conquis tout le monde, il plaît toujours aux gens, même quand il fait la pire bêtise. Tandis que moi, qui suis bien plus sage que lui, personne ne me remarque.

Louisa a voulu venir avec nous dans la cabine, mais le Bêta l'a poussée pour pas qu'elle entre. Elle a insisté et le Bêta l'a mordue en plein dans le postérieur. Mordre le corps des autres est le moyen qu'a le Bêta pour arriver à ses fins. Moi, j'ai le dos couvert de marques de dents. Chaque fois qu'il veut m'enlever la commande de la télé ou qu'il veut que je l'emmène au parc de l'Arbre du Pendu, il a recours à son arme la plus efficace : ses dents assassines. Si je crie pendant la morsure, ma mère me dit : « Manolito, je t'en prie, n'exagère pas, ce sont des dents de lait, c'est à peine si elles peuvent te chatouiller. » Dans des conditions pareilles, c'est un miracle que je ne sois pas traumatisé.

Je commence à croire que je n'ai pas de sensibilité, je ne vois pas d'autre explication.

Toujours est-il que Louisa a hurlé comme une folle et que le Bêta en a profité pour fermer la porte de la cabine et la laisser dehors. En vérité, il y a des fois où j'ai de la chance d'avoir le frère que j'ai, car il fait des choses que je n'ose pas faire et il ne se fait jamais engueuler. Ni moi ni le Bêta, nous n'aimons que les femmes nous voient pendant que nous nous déshabillons (les femmes en question ce sont Louisa et ma mère), car elles ne te voient que des défauts lorsque tu es tout nu. Ça ne les dérange pas de parler des parties de ton corps (de toutes), comme si tu n'étais pas là. Elles disent du Bêta :

– Regarde ses bourrelets comme ils sont marrants, quel petit ventre dodu, cet enfant se porte bien, on dirait qu'il n'a pas de cou.

Et elles disent de moi :

– C'est pas normal, cet enfant a un estomac qui ressemble à celui d'un homme de quarante ans. Il commence à avoir des fesses qui pendent ; évidemment, c'est un enfant qui ne bouge pas, c'est pas lui qui se précipiterait pour aller jouer au ballon avec les autres. Celui-là, il est du genre à se lever du canapé pour aller s'asseoir sur un banc du parc. Comme un grand-père. Tu as vu ce double menton ? Je vais lui interdire les gâteaux.

Voilà leurs commentaires devant moi. Et ça ne me traumatise pas. J'aimerais bien que les psychologues du monde entier viennent m'étudier, mais ils ne viennent pas.

Le fait est que, comme personne n'est jamais content de ce qu'il a, le Bêta non plus n'aime pas ce que racontent ces deux femmes sur son ventre dodu et son cou de petit taureau. Si bien que, moi pour une raison et lui pour une autre, cela fait longtemps que nous avons décidé qu'aucune femme ne nous verrait nus. Il faudrait un très grand changement pour que nous cédions. Leurs commentaires nous ont beaucoup vexés.

Pendant que Louisa se plaignait du coup de dents de l'autre côté de la porte, moi et le Bêta nous avons commencé à essayer les vêtements. Nous étions devant la glace, habillés en bleu-BCBG, quand le Bêta a dit :

– Bébé fait caca.

A sa tête, c'était urgent. Et mon frère est un enfant qui ne sait pas mentir.

LES ENFANTS EN BLEU

La seule vérité vraie que ma mère ait dite depuis que nous nous connaissons (cela va faire dix ans) est que le Bêta est l'enfant le moins arrangeant de la planète. Il a soif quand il n'y a pas d'eau, il a sommeil quand il n'y a pas de lit, faim quand il n'y a rien à manger, et envie de faire caca quand il n'y a pas de W.C. Et il ne peut jamais attendre. S'il a soif, nous devons entrer dans le premier café ; s'il a faim, lui acheter un gâteau ; s'il a perdu sa tétine, aller à la pharmacie de garde même à quatre heures du matin et, s'il a envie d'aller aux W.C., la seule chose qu'il sait faire c'est de mettre ses mains sur son derrière, de devenir rouge et, comme dit ma mère, advienne que pourra. Dieu sait à quelle vitesse nous avons monté les escaliers pour sortir du métro et trouver un arbre dehors ! Il a fait des progrès : quand il avait trois ans, il baissait son pantalon au milieu de la rue, maintenant il arrive à tenir jusqu'au café le plus proche. Cela dit, ne va pas croire, il est toujours aussi impatient pour tout. S'il a envie d'une glace, il se met à bêler et, tant que ma mère ne la lui a pas achetée, il continue. Moi, en vérité, ça m'arrange plutôt, parce que grâce à ses bêlements j'ai droit à une glace gratis aussi, depuis quelque temps, je l'encourage à pleurer un peu pour que ma mère s'attendrisse. Mais si le zozo ne se sent pas une envie de glace, alors là tu peux toujours essayer le petit numéro pour l'acheter, il ne fait aucun effort. Je me mets à côté de lui et je lui souffle à l'oreille : « Allez, vas-y, après je te laisserai venir avec moi et Grandes O au parc », et lui, il se met à chanter et à regarder ailleurs comme si je n'existais pas. C'est un enfant cruel.

Aussi quand je l'ai vu dans le coin de la cabine, habillé en bleu-BCBG, avec les mains sur son derrière, j'ai commencé à m'énerver :

– Tu ne serais pas en train de faire quelque chose dans ce pantalon qui n'est pas à nous.

– Bébé chie.

Bébé chie. C'est sa phrase. Moi ça me semble un peu fort comme phrase pour un enfant aussi petit, mais il n'y a pas eu moyen qu'il en apprenne une autre. Une fois, j'ai passé toute une semaine à lui répéter :

– Tu dois dire que tu fais caca, car les enfants petits comme toi ne disent pas qu'ils chient.

Alors il me regardait et me disait avec sa tête d'enfant blond :

– Bébé fait caca.

J'applaudissais et je lui donnais comme récompense une de mes images. Ce n'est pas pour rien que je suis son entraîneur. Je les lui donnais l'une après l'autre. Mais le plus incroyable c'est que, lorsque l'instant de vérité arrivait, quand l'envie devenait pressante, il refaisait la même erreur et nous annonçait :

– Bébé chie.

Le résultat de tout ça c'est que je lui ai refilé toute ma collection d'images sans que mes cours d'éducation anglaise n'aient servi à quoi que ce soit. Pour tout arranger, ma mère passait la tête par la porte de la cuisine et me disait :

– Laisse-le donc une fois pour toutes, tu n'es pas académicien de la langue, que je sache.

Tu vois, j'essaye de faire des choses pour mon frère, mais ma mère m'en empêche.

Le Bêta était de plus en plus rouge, comme il fait d'habitude, dans le coin de la cabine. Louisa était inquiète de ne plus nous entendre, car depuis quelques minutes mon frère et moi nous chuchotions.

– Les enfants, les enfants, disait-elle en frappant à la porte, qu'est-ce qui se passe, ouvrez, je n'ai pas du tout confiance en vous.

Tu comprendras qu'il s'agissait de moments de grande tension. J'ai dit au Bêta :

– S'il te plaît, ne fais pas ça.

Car je sais que avec lui, ça ne sert à rien de trop insister. Un bruit suspect a résonné.

– Un petit pet, a dit le Bêta.

Il aime bien expliquer, au cas où tu aurais un doute.

– Deux, ai-je annoncé en en entendant un autre.

L'air de la cabine est devenu gris, je n'exagère pas. Heureusement que la porte de la cabine n'arrivait pas jusqu'en haut. Si nous avions été dans un ascenseur je crois que j'aurais commencé à angoisser du manque d'oxygène. Je me suis mis au boulot. Je lui ai enlevé le pantalon bleu-BCBG, c'est ce qui m'inquiétait le plus, et je lui ai dit que nous allions partir en courant aux W.C.

– Bébé n'arrivera pas.

– Mais si bébé arrivera, tu verras : tu dois serrer comme ça, fort, fort, jusqu'à fermer les yeux, et tu verras comme ça ira mieux.

Il faisait tous les gestes que je faisais, il les imitait à la perfection, sauf un détail important que j'avais oublié : je lui disais de serrer, mais vers l'intérieur. Et il a serré vers l'extérieur. Il n'avait plus le visage rouge comme avant et il me regardait avec sa tête d'enfant blond. Il était très sérieux.

– Ça y est. C'est parti.

Tout ça nous le disions à voix basse pour que Louisa, qui continuait de gratter la porte avec ses ongles, ne nous entende pas.

– Tu es bête ou quoi ? ai-je crié à voix basse.

Il a commencé à bouger son menton comme quand il va pleurer. Mais pas comme les fois où il pousse des cris, non, c'étaient des larmes spéciales, silencieuses, qui nous font tous pleurer chez nous à cause de la peine qu'elles nous font.

– Allez, ne pleure pas, je vais arranger ça.

Je me suis vu dans le rôle du frère sauveur. Le grand frère qui sort le petit de la prison ; le grand frère qui va chercher le petit frère ivre, allongé sur le trottoir ; le grand frère qui paye les dettes de jeu du petit frère. Le frère sauveur : voilà qui j'étais. Je lui ai enlevé le pantalon en faisant un effort pour ne pas respirer, pour que l'odeur ne m'entre pas par le nez. Le caca était dans son slip et je l'ai enveloppé avec comme j'ai pu. Je l'ai glissé sous la porte pour le mettre dans la cabine d'à côté. Débarrassés de l'objet du délit, nous avons ouvert et j'ai dit à Louisa :

– Ils nous vont très bien.

– Il était temps. Cela fait une demi-heure que je vous attends.

Elle a passé la tête dans la cabine et a jeté un regard d'inspection assassin.

– Qu'est-ce que ça sent mauvais ici !

– C'est le Bêta qui a fait deux petits pets.

– Mon Dieu, quel cochon ! a-t-elle dit en me regardant.

Voilà la vérité de ma vie : mon frère fait les cochonneries et c'est moi qui prends.

– Et pourquoi cet enfant est-il tout nu ? a demandé Louisa.

– C'est à cause de ma mère, elle a oublié de lui mettre un slip ce matin, ai-je répondu dans un réflexe qui m'a étonné moi-même.

– Drôle de mère !

Louisa nous a acheté des slips. A tous les deux, parce qu'elle a absolument voulu voir le mien, et elle a découvert qu'il était troué. Elle nous a fait nous habiller avec notre nouvelle tenue, puis elle nous a emmenés au lavabo, nous a mouillé les cheveux et nous les a mis en arrière. C'était la première fois que nous portions des chemises aussi raides. On aurait dit que nous n'avions pas de cou. Ça nous faisait honte de sortir dans la rue comme ça. C'était vraiment un hypermarché transformateur. Les vendeuses ont dit ils sont trop mignons, ils sont trop mignons et, pendant que Louisa payait, moi et le Bêta nous faisions des poses de paralysés à côté des enfants mannequins jusqu'au moment où nous n'en pouvions plus de rire. Louisa nous a pris par la main et nous a dit que, maintenant, elle aimerait sortir avec nous dans la rue, alors qu'avant nous étions des enfants qui faisions honte. Pendant que nous descendions les escaliers roulants, nous avons entendu les cris d'une personne qui sortait des cabines en parlant de quelqu'un qui avait fait caca et qui avait laissé son caca par terre.

– Les gens n'ont aucun respect, a dit Louisa très indignée, ils font caca dans les cabines, pissent dans la rue, vomissent dans les coins. Le monde est fou. Mes petits anges, a-t-elle dit, maintenant superfière de nous, les enfants en bleu, voilà dans quel monde vous allez être obligés de vivre.

Et nous, les deux nouveaux enfants, nous lui avons souri comme si nous n'avions jamais fait de mal à une mouche.

LES HÉRITIERS DE L'EMPIRE

Nous sommes sortis du supermarché en marchant comme des robots, pas parce que la transformation nous avait complètement changés en mannequins, mais parce qu'avec ces chaussures tellement dures, il était impossible de marcher autrement. Louisa a dit que nous devions marcher normalement, sans faire les canards, car elle, qui portait des talons, courait à toute vitesse et c'était pourtant beaucoup moins pratique. C'est vrai qu'elle courait. On aurait dit qu'elle allait tomber, et le Bêta et moi nous ne comprenions pas comment des talons aussi fins pouvaient porter un corps aussi terriblement grand. C'est un problème physique que les scientifiques du monde entier n'ont jamais étudié. Pourquoi ? Je ne sais pas, ils ont sans doute autre chose à faire.

Nous la suivions comme deux pingouins, marchant avec les pieds plats et les pointes un peu relevées. Nous sommes montés dans la voiture rapidement car Louisa nous a dit que Barnabé, mon parrain, devait déjà nous attendre. Louisa n'arrêtait pas de répéter :

– Vous allez voir la tête qu'il va faire en vous voyant si beaux, vous allez voir sa tête.

Elle disait cela et criait ensuite aux automobilistes, qui la klaxonnaient, des insultes que je ne veux pas répéter car je me ferais engueuler. Louisa a eu son permis il n'y a pas longtemps, mais elle insulte déjà les autres conducteurs comme si elle conduisait depuis toute sa vie.

Le travail de Barnabé était très loin, là où se terminent, à Madrid, les maisons et commence le sol en terre. Au milieu d'un champ se trouvaient des tas de hangars. Le plus grand, celui dont l'écriteau attirait le plus l'attention, était celui de mon parrain : L'Empire de l'Olive. Bon, comme dit Louisa, « l'affaire n'est pas encore à lui, mais presque », car mon parrain est celui qui commande le plus dans tout L'Empire de l'Olive. Un ouvrier en bleu de travail est venu nous ouvrir la porte de l'empire et Louisa a dit :

– Je suis l'épouse de M. Rivero.

Et, sans ouvrir une seule fois la bouche, le type en bleu est parti chercher Barnabé. Le Bêta et moi, nous regardions en l'air et nous sommes tombés d'accord pour dire que le toit était aussi haut que celui de la cathédrale que nous avions vue le jour où Louisa avait porté le Bêta pour le baptiser en cachette de mon père, qui n'aime pas que les enfants soient baptisés. Le toit de l'empire était en fibrociment pur et il y avait en haut une fenêtre ouverte qui laissait passer le soleil. Un rayon tombait en piqué tellement fort qu'à le regarder tu avais la foi en Dieu.

Louisa disait bonjour à tous les hommes qui se trouvait là, mais ils ne faisaient pas beaucoup attention à elle car ils étaient très occupés à travailler pour l'empire.

– Ce sont les ouvriers, nous a-t-elle expliqué.

Nous avons pensé que Barnabé devait être beaucoup plus important que nous ne l'imaginions, la preuve : tous ces ouvriers, ce toit ouvert et ce rayon divin.

Mon parrain est descendu par l'escalier d'un bureau, un bureau accroché dans les airs comme la maison de Tarzan, et ça se voyait qu'il était presque le patron car son bleu de travail avait un pli bien repassé et sur un côté de sa poitrine était cousu : « M. Rivero. Responsable ». De plus, mon parrain portait une cravate sous sa salopette car il vend des olives à des personnes du monde entier, sans discrimination de race, de religion ou de sexe. Mon parrain, du moment qu'il vend, le reste il s'en fiche pas mal. Et, pour vendre des olives, il doit porter la cravate. Mon parrain est comme Superman, dès qu'il enlève son bleu de travail, Super-Barnabé apparaît dans son costume, prêt à apporter des olives farcies dans les coins les plus reculés de la planète.

Lorsqu'il nous a aperçus, il nous a regardés puis reregardés, et nous avons éclaté de rire. Il disait :

– Mon Dieu, c'est pas vrai, c'est pas possible, comme ils sont beaux !

Et il a appelé un type du nom de Ortega et lui a dit :

– Ortega, regarde, ce sont mes neveux, apporte-leur un cadeau, ce sont mes neveux !

Ortega est apparu dans une salopette bleue beaucoup plus sale que celle de mon oncle, sans pli bien repassé, car le seul qui peut avoir le bleu à pli repassé c'est le responsable, et Ortega nous a sorti un petit livre qui racontait toutes les sortes d'olives de l'empire, même que j'ai dû le lire plusieurs fois dans la voiture au Bêta (avec le temps c'est devenu son livre favori), et une boîte d'amuse-gueules pour qu'on les mange quand on voudrait ; ça pouvait être un matin au petit déjeuner, a-t-il ajouté.

Tu me diras qu'est-ce que ça peut nous faire à nous le hangar de mon parrain. Eh bien, ça nous fait, et même beaucoup, car nous sommes ses uniques héritiers et, très souvent, nous lui faisons jurer que tout ce qui est à lui sera à nous. Aussi, sous ce toit, moi et le Bêta nous imaginions qu'un jour nous serions les responsables et « presque » patrons de tout. Ma mère devra nous repasser deux salopettes avec un pli, nous porterons en dessous la cravate et nous travaillerons dans le bureau flottant, au-dessus de tous les ouvriers, car celui qui commande doit toujours être un peu au-dessus : comme mon parrain. Le soir, le Bêta m'a demandé si nous devrions aussi porter une perruque comme le parrain, et je lui ai répondu que ça dépendait, que si tes cheveux ne sont pas tombés, ce n'est pas la peine et que, s'ils sont tombés, à toi de voir. Je lui ai dit que la perruque était au choix, et il m'a dit qu'il la mettrait sûrement un jour, déjà parce que mon parrain allait nous laisser dans son fabuleux héritage les cinq perruques qu'il avait achetées au cours de sa vie, dont celle avec les cheveux ondulés de Louisa que, quand il la met, Barnabé ressemble à un chanteur.

Nous sommes montés dans la voiture et Louisa est sortie du parking comme à son habitude : en cognant

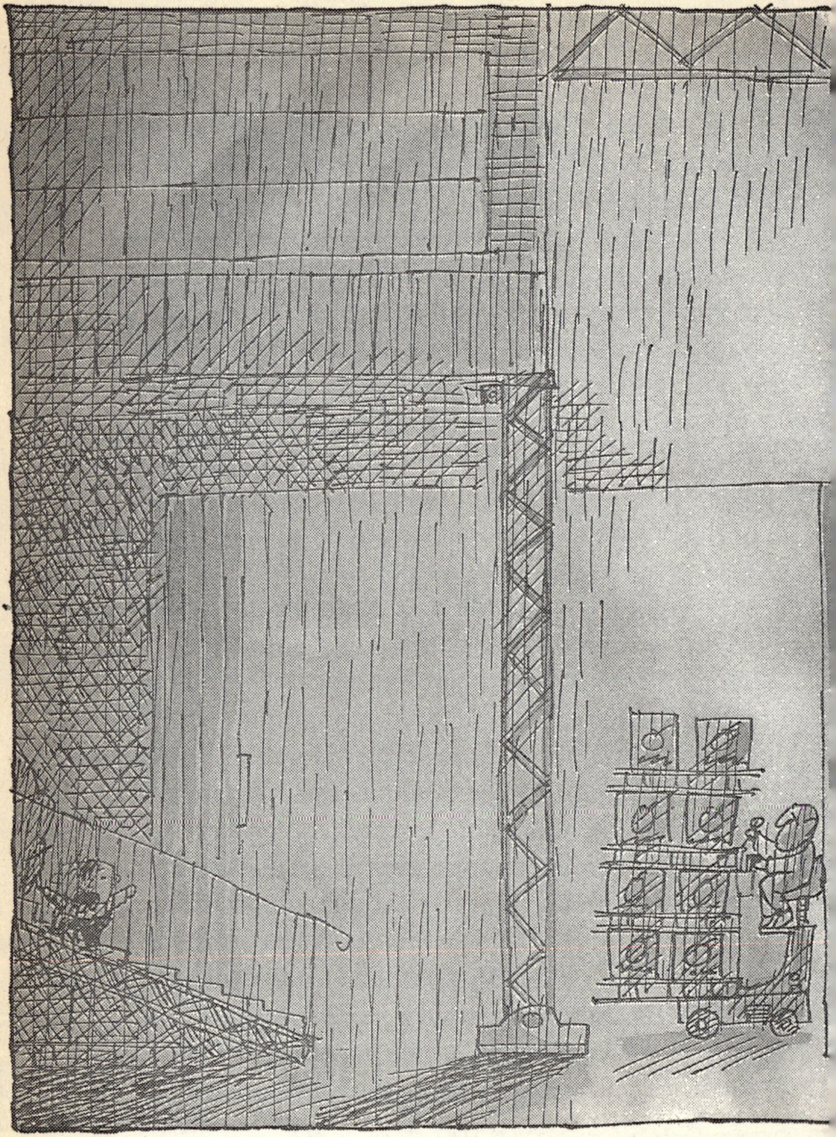

un peu celle de devant et un peu celle de derrière ; elle dit que c'est pour faire de la place. Puis nous avons pris le virage de la rue de l'empire en soulevant un nuage de poussière, comme si la police nous poursuivait. Barnabé a juste dit :

– Louisa, nom de Dieu, pense aux enfants !

Mais après il n'a plus rien dit car il sait que Louisa n'aime pas qu'on lui fasse des reproches. Nous avons tourné sans même ralentir dans la rue du restaurant *La Côte* mais, cette fois, malheureusement, sans soulever de poussière, car nous étions déjà dans Madrid.

Le restaurant *La Côte* est un endroit superluxueux dans lequel nous n'étions jamais allés ni moi ni le Bêta, car ma mère dit qu'on n'est pas sortables, qu'on se fait toujours remarquer et qu'on lui fait honte, et qu'à cause de ça elle est obligée d'y aller seule avec mon père, quoiqu'elle préférerait que nous soyons différents et pouvoir nous emmener avec mon grand-père, car lui non plus elle ne l'emmène pas parce qu'il porte un dentier en mauvais état, et parce qu'à la communion de Grandes Oreilles les dents de mon grand-père sont restées coincées dans une côtelette et les gens ont eu une crise de rire et ma mère a eu une crise de rage, et elle n'a pas oublié ni pardonné, et elle lui dit toujours : « Change de dentier, tu te fais remarquer partout où tu vas ! » Mais mon grand-père dit que son dentier est trop génial parce qu'il peut le coller ou le décoller avec la langue et que ça le rassure, comme la tétine pour le Bêta ou les poils de sourcils que je m'arrache quand je suis nerveux.

Louisa a insisté pour que l'on mange avec une serviette attachée autour du cou afin de ne pas tacher nos habits neufs d'héritiers de l'empire. Moi, j'avais plutôt les boules de mettre cette serviette. Le Bêta, non, parce qu'il en porte une tous les jours, ce qui ne l'empêche pas des fois de faire des taches de purée jusque sur son slip. Ne me demande pas comment, je n'en sais rien. Quand le serveur est apparu, le Bêta a demandé des gros vers, c'est comme ça qu'il appelle les gambas, et moi des saucisses au ketchup mais, comme ils n'en avaient pas, ils ont dû m'apporter une côtelette. C'est le problème de la cuisine traditionnelle, tu ne la trouves que chez toi.

Il a fallu mettre au Bêta des serviettes sur les bras, les jambes et la tête. A la fin, on aurait dit une momie, et avec le spectacle qui a suivi on aurait pu largement gagner de l'argent. Il trempait les vers dans la sauce rose, levait un ver tout dégoulinant jusqu'à sa bouche, et passait sa main pleine de crème rose dans ses cheveux blonds luisants. Ensuite, le spectacle continuait avec les têtes des vers. Pour chaque tête, il passait une demi-heure et suçait tellement fort que les gens de la table d'à côté le regardaient, fascinés. Après avoir terminé tout son plat de vers, il nous a regardés, le ventre un peu ballonné, puis il a dit en souriant :

– Ça y est, c'est fini.

Mais il n'a pas pu bien terminer sa phrase car, au moment où il disait « fini », il a roté si fort que les murs du restaurant *La Côte* se sont mis à trembler. Louisa, un peu gênée, a dit au Bêta :

– Trésor, mets ta mimine devant la bouche.

C'est ce qu'il a fait, il a mis sa mimine devant la bouche et il a lâché un autre de ses petits rots spectaculaires. C'est ce qu'on appelle un enfant obéissant.

LA CHIENNE ET LA CREVETTE ROSE

Lorsque nous sommes sortis du restaurant, Louisa nous a dit que nous nous souviendrions toute notre vie de ce repas car nous étions des enfants qui ne connaissaient rien aux restaurants de luxe. En plus elle a admis que, pour le genre d'enfants que nous étions, nous ne nous étions pas comportés trop mal, mis à part les petits renvois du Bêta (elle a dit petits renvois, je te le jure), elle a dit aussi que nous étions bien plus sages quand notre mère n'était pas là, vu que notre mère ne comprenait rien à l'éducation pédagogique, alors qu'elle, elle avait lu un livre là-dessus. Louisa est toujours en train de lire des livres sur tout et, bien sûr, elle en connaît un rayon sur tout. Elle en a lu un sur comment réussir en affaires, c'est pourquoi Barnabé est presque arrivé chef de L'Empire de l'Olive. Un autre sur comment stopper la cellulite, c'est pourquoi elle dit toujours à ma mère : « Les maigres n'ont plus la cote, Catalina, le plus dur est d'être comme moi, un peu ronde mais bien ferme, comme une pêche. » Le Bêta veut toujours lui toucher les jambes, histoire de vérifier, mais Louisa dit non, on regarde mais on ne touche pas, et elle part dans un éclat de rire épouvantable.

Elle a lu un livre de l'ancienne Égypte où on te racontait comment faire un parchemin authentique sans sortir de Carabanchel, et maintenant sa salle à manger est tellement pleine de parchemins authentiques, que ça te donne envie, je n'exagère pas, d'entrer par la porte en marchant de profil, comme le faisaient les Égyptiens de l'époque de l'ancien temps. Et elle a lu aussi le truc sur l'éducation pédagogique. En fait, elle l'avait acheté pour éduquer Bonie, car elle dit que c'est une chienne presque humaine et que les livres d'éducation canine ne sont pas valables pour Bonie, parce que c'est une chienne qui est plus intelligente que beaucoup de personnes qu'elle connaît (en disant cela, elle tourne ses yeux vers nous). Grâce au livre d'éducation pédagogique, elle a appris à éduquer toutes sortes d'êtres vivants, chiennes et enfants, à demander les choses avec un sourire et en disant s'il vous plaît. Bonie n'a pas beaucoup appris, mais Louisa dit que ce n'est pas à cause de la méthode éducative mais parce qu'elle est une vieille chienne qui a passé sa vie à faire ce qui lui passait par le museau. Louisa prenait une crevette (ou petit ver rose, selon le Bêta) et se préparait à donner un ordre à Bonie qui bougeait la queue, les yeux fixés sur la crevette. Louisa disait alors :

– Bonie, *sit*.

Mais elle ne réagissait pas. Louisa répétait l'ordre au moins quarante fois et la seule chose qu'elle réussissait c'était que Bonie fasse des sauts pour attraper la crevette.

– Bonie, tu *sit* ! disait Louisa, un peu énervée.

Et pour l'aider dans son éducation pédagogique, moi et le Bêta nous nous mettions à crier avec elle :

– Tu *sit*, t'as compris !

Un jour, au bout d'un mois d'éducation pédagogique intensive, Bonie a cessé de remuer la queue devant la crevette et, désespérée de ne pas pouvoir la chasser, elle est partie la queue entre les jambes monter sur le canapé. Et là, entre les coussins de pur satin de Louisa, elle nous a regardés avec des yeux tellement tristes qu'on en a presque eu les larmes aux yeux.

– Je suis peut-être un peu dure avec elle, a dit Louisa. La pauvre, tiens, mange ta crevette.

Bonie l'a avalée d'un coup sans la garder une seule seconde dans la bouche. Toujours est-il que Bonie, cette chienne si sensible, a dû penser qu'elle avait enfin fait ce qu'on lui demandait car, le lendemain, Louisa, reprenant ses cours d'éducation pédagogique, a dit avec la crevette à la main :

– Bonie, *sit*.

Et Bonie, remuant la queue comme un ventilateur, est montée d'un bond incroyable pour son âge sur le canapé, puis s'est allongée comme elle avait fait la veille, mais avec un grand sourire de chienne et sa queue qui continuait de remuer. Louisa lui a donné la crevette.

– Elle est vraiment intelligente, cette Bonie, a-t-elle dit.

Nous étions d'ailleurs tous d'accord sur le fait que c'est une chienne très humaine car, quand on lui ordonne de s'asseoir, elle monte sur le canapé, comme ferait n'importe quelle personne dans la même situation. Louisa n'a pas pu continuer l'éducation de Bonie comme elle aurait voulu, et en faire une chienne d'exposition canine, car, dès qu'elle voit la crevette elle monte sur les coussins. Et ce n'est pas par manque d'intelligence, dit Louisa, c'est parce qu'elle a beaucoup plus de personnalité que tous ces chiens qui ne font que ce que leur disent leurs maîtres : c'est une chienne créative, et contre les chiennes créatives il n'y a rien à faire.

Nous arrivions à Carabanchel et Louisa parlait encore de notre bon comportement quand c'était elle qui nous commandait :

– Pas vrai, Barna ?

Et Barnabé a répondu oui, oui, comme il fait toujours, avec la tête ailleurs, à l'empire par exemple. J'ai demandé à Louisa pourquoi avec tout son savoir en éducation elle n'avait pas d'enfants, car elle ne serait plus obligée d'expérimenter sur une chienne ou sur nous, qui sommes moins sensibles qu'une chienne. C'est la première fois dans ma vie sur cette planète que j'ai vu Louisa aussi sérieuse, elle nous a répondu qu'elle aurait beaucoup aimé mais que ce n'était pas possible, et le Bêta et moi nous avons demandé très fort :

– Pourquoi ?

Et Louisa a répondu que mère Nature ne le voulait pas, et elle a sorti un mouchoir de son sac, sa voix est devenue pâteuse, et Barna a arrêté de penser à l'empire, et il a dit :

– Allons, Louisa, toi qui es toujours joyeuse, et puis ces enfants t'adorent.

Nous ne savions plus quoi dire ; c'était la première fois que nous voyions Louisa comme ça et il était clair que j'avais dit quelque chose que je n'aurais pas dû dire. Elle me faisait beaucoup de peine, aussi je lui ai dit, qu'au fond, je l'aimais plus que ma mère. Je ne sais pas si c'est vrai. J'ai des doutes, car ma mère nous a bien dit que nous l'aimons elle plus que personne d'autre au monde parce que c'est comme ça et que ça a toujours été comme ça depuis que les mères peuplent cette planète. Louisa a garé la voiture et s'est retournée pour m'embrasser tellement fort que j'en ai presque regretté mes paroles.

– Et toi, petit trésor, a-t-elle demandé au Bêta, comment tu m'aimes ?

– Beaucoup mais moins que ma maman.

Je t'ai déjà dit que le Bêta ne sait pas mentir.

Louisa nous a fait plein de gros bisous. Soudain nous nous sommes rendu compte de la dure réalité, nous allions être forcés de sortir de la voiture habillés en bleu-BCBG puis passer devant le parc de l'Arbre du Pendu, où Mélody, Yihad et Grandes O étaient sûrement en train de jouer… Nous avons respiré profondément et nous avons commencé à marcher en ne sachant plus où nous mettre.

LES FRÈRES SIAMOIS

Louisa était tellement contente de nous voir si beaux et de savoir que nous l'aimions autant, qu'elle nous a donné la main. C'était pire que tout, mes amis allaient me voir habillé en bleu péteux et tenant par la main cette voisine que j'aimais presque plus que ma propre mère. Je marchais la tête basse, c'est ma façon à moi de devenir invisible, regrettant un peu d'avoir dit à Louisa que je l'aimais autant, car dès que mes amis s'apercevraient que cet enfant aux chaussures brillantes qui marchait comme un canard c'était moi, ils n'allaient pas s'arrêter de rire pendant au moins un an. Je connais mes amis, je sais qu'ils peuvent rire de la même ânerie tous les jours, et je ne peux pas les accuser car il m'arrive aussi de faire la même chose. Nous ne sommes pas des enfants compliqués.

Plus nous approchions du parc de l'Arbre du Pendu, plus j'avais les boules, j'en avais même la nuque toute rouge. Mais je continuais de tenir la main de Louisa, car je suis le genre d'enfant qui supporte tout, même s'il a les boules. Le Bêta, non. Quand nous sommes arrivés devant le parc, le Bêta qui, ça se voyait, pensait la même chose que moi, a carrément lâché la main de Louisa et lui a dit :

– Bébé tout seul.

Et il est resté en arrière. Louisa l'a regardé et m'a dit :

– Qu'est-ce qu'il est bizarre quand ta mère n'est pas là.

Et moi, faisant encore une fois le frère sauveur, ce frère qui n'existe que dans l'imagination des mères, j'ai dit à Louisa :

– Je reste avec lui. Le pauvre, sa mère lui manque. Il est dans une situation difficile.

Voilà le genre de phrase dont tu ne sais pas comment elle a pu entrer dans ton cerveau. Louisa m'a regardé comme si elle ne m'avait jamais vu. J'ai libéré ma main et je suis allé à côté de mon frère. Le Bêta a demandé un mouchoir à Barnabé, car en plus de porter une perruque, mon parrain a toujours un mouchoir en tissu, comme les hommes des anciens temps. Heureusement, il était propre car mon parrain ne l'utilise que pour avoir dans sa poche son initiale brodée à la main. Pour se moucher, il a un paquet de Kleenex dans l'autre poche, car une crotte dans un tissu si blanc et une initiale si belle, c'est quelque chose que Louisa ne permettrait jamais. Barnabé a donné au Bêta un Kleenex, mais il a dit non, non, le mouchoir. Et mon parrain, qui est très bon, le lui a donné. Le Bêta l'a déplié mais, au lieu de se moucher comme nous nous y attendions tous, il l'a mis sur sa tête car, je te l'ai déjà dit il y a assez longtemps, ma mère lui a fait croire avec leur petit jeu de coucou-ouaaah ! qu'en se cachant la tête on devient totalement invisible. Louisa et Barnabé ont laissé tomber, et nous ont laissés tomber.

J'avançais la tête dans les épaules, et lui avec le mouchoir sur la tête, pendu à mon bras pour ne pas tomber, tous les deux souhaitant rentrer chez nous le plus vite possible. Je me suis mis à penser que moi et le Bêta nous nous ressemblions chaque jour un peu plus. Il m'imite tout le temps, du coup nous faisons toujours la même chose, et comme je ne grandis pas et que lui n'arrête pas de grandir, il va arriver un moment où nous serons de la même taille et les gens diront : « Regardez ces deux-là, ce sont des enfants siamois. »

Comme j'avais la tête penchée, je ne voyais que le sol, mais soudain j'ai entendu derrière moi ce que je craignais le plus : la voix du petit crâneur le plus crâneur de tous les temps, la voix de Yihad, qui disait :

– Tu t'es déguisé, Binoclard, tu te crois le fils du président de la République ?

Puis les rires de tous les autres, parmi lesquels j'ai reconnu celui de mon meilleur ami, Grandes Oreilles (le traître cochon), celui de Susana, celui de Jessica, l'ex-grosse, celui de Moutarde, celui d'Arturo Román et celui de deux mecs du lycée Thyssen. J'aurais reconnu leur rire même sous l'eau. Cela fait des années que je les supporte.

J'ai serré la main du Bêta pour qu'il marche plus vite et aussi parce que je connais Yihad, il n'allait pas nous laisser partir comme ça. Il est tout de suite revenu à la charge :

– Binoclard, ne reste pas au parc, tu risquerais de te salir !

Et, de nouveau, les mêmes rires.

– Regardez-les, a continué ce fumier, ils sont tous les deux habillés pareil, ils sont supersupersuperchous !

Je savais que le Bêta finirait par craquer. Il m'a filé entre les doigts sans que je puisse le retenir, il a enlevé le mouchoir de sa tête et s'est mis à courir vers le banc où ils étaient tous assis. Il était décidé et plein de courage, comme s'il avait de la force pour affronter cinquante types. Il est arrivé devant eux, s'est dirigé droit vers Yihad et, sans dire un mot, lui a balancé un coup de pied dans le tibia.

– Tu es cinglé ou quoi ? Le coup de pied qu'il m'a donné ! s'est écrié Yihad en se tenant le tibia. Et toi, Manolito, tu n'es pas capable de te défendre sans ton petit frère ?

Le Bêta ne l'a pas laissé finir et lui a donné un deuxième coup de pied sur l'autre jambe. Yihad n'a alors pas pu se retenir et a poussé le Bêta qui est tombé en arrière. Mes amis sont devenus sérieux et se sont écartés car, même si ça ne leur paraissait pas bien que Yihad s'en prenne à un petit, ils n'avaient pas le courage de le défendre. Je suis un lâche, comme mes amis, mais qu'on touche au Bêta, ça non… J'ai senti gonfler une veine que j'ai dans le cou, je l'ai sentie se gonfler seulement deux fois dans ma vie, car moi je ne tape jamais, ce sont les autres qui me tapent, et je suis parti en courant vers Yihad et j'ai crié :

– Tu ne touches pas à mon frère !

– Bon, alors je te touche toi ! a-t-il répondu en se jetant sur moi, et j'ai eu l'impression qu'une bête sauvage me tombait dessus.

J'étais par terre, attendant qu'il me casse mes lunettes, la figure et le reste, quand quelqu'un nous a séparés. Qui ? Qui m'avait protégé contre cette bête cruelle ? Qui avait pu avoir cette force surnaturelle pour affronter l'être le plus dangereux du quartier ? Ce ne pouvait pas être le Bêta puisqu'il était par terre, à côté de moi. Lorsque j'ai pu m'asseoir, j'ai enlevé la poussière de mes lunettes et j'ai regardé en l'air, j'ai alors vu qui tenait par la chemise ce crâneur de Yihad. C'était elle, Mélody Martínez, mon ange gardien.

LE N DE NICOLAS

Ne me demande pas comment c'est possible, je n'en sais rien, toujours est-il que Mélody Martínez tenait le cou de Yihad d'une main et, de l'autre, elle lui tordait le bras. Yihad était rouge car Mélody le maintenait paralysé, et il disait seulement de temps en temps :

– Tu vas voir quand tu m'auras lâché, tu vas voir quand tu m'auras lâché !

Mais Mélody semblait supercalme. Nous avons tous halluciné lorsqu'elle a penché la tête sur le côté et, sans lâcher Yihad, s'est mise à faire une bulle avec son chewing-gum qui, quelques secondes après, lui cachait tout le visage. Puis, petit à petit, la bulle s'est dégonflée et M. M. a aspiré le chewing-gum comme nous faisons, moi et le Bêta, avec les spaghettis à la tomate qui pendent de notre bouche. Quand elle a eu de nouveau tout le chewing-gum dans la bouche, elle nous a regardés avec un sourire énigmatique et a dit à Yihad :

– Je te lâche, mais si jamais tu essayes de te venger, je t'attache au tronc de l'arbre du Pendu, et tu y resteras toute la nuit.

Elle l'a lâché et, aux battements de nos cœurs, nous avons tous senti que c'était un des instants de plus grande tension que nous ayons vécus dans nos vies. Je suis resté par terre car je n'osais pas me relever, pareil pour le Bêta, sauf que lui, il s'était mis à jouer avec le sable car, comme dit ma mère, c'est un enfant qui s'amuse avec un rien aux moments les plus inopportuns. Alors que nous tremblions encore tous, le Bêta avait déjà oublié que, quelques instants auparavant, Yihad nous avait jetés par terre. Il était en train de dessiner un N sur le sol, une lettre qu'il a apprise à l'école et qu'il écrit partout : sur les murs, à l'entrée de notre immeuble, dans la purée de pommes de terre. Et il était donc là en train d'écrire son N. Il m'a regardé et m'a dit :

– Le N.

Je lui ai répondu que c'était très bien, mais qu'en ces instants de ma vie, les N ne m'intéressaient pas. Lui, les climats de violence ne le touchent pas et il a continué :

– Le N. C'est quoi le N ?

Je devais lui dire quelque chose car je sais qu'il te pose et repose la même question jusqu'à ce que tu lui répondes.

– C'est le N de Nicolas ! ai-je crié à voix basse.

– Nicolas comme grand-père Nicolas, a-t-il ajouté.

– Nicolas comme toi, car toi aussi, tu t'appelles Nicolas. C'est pour ça qu'à l'école, on t'a appris le N de Nicolas.

– Non, c'est le N de grand-père Nicolas.

– Bon, bon, d'accord, comme tu veux.

Pendant que nous discutions allongés par terre, Yihad, lui, était toujours aussi rouge de rage, la main en l'air comme s'il avait une claque collée dessus et qu'il cherchait quelqu'un pour la lui flanquer sur la joue. Mélody Martínez n'a plus fait attention à lui et m'a tendu la main pour me relever.

– Ne refais plus jamais ça, a-t-elle dit à Yihad. Tu ne te rends pas compte, espèce de grosse brute, que tu as failli salir son costume.

– Qu'est-ce que ça peut me faire, à moi, que son costume de BCBG soit sale ? On dirait une fille, c'est d'ailleurs toujours les filles qui le défendent.

– Une fille ? On dirait une fille comme moi ? a demandé Mélody Martínez en montrant ses biceps et ses triceps de lutteuse de taekwondo, dont même le prof de l'école a peur.

Tous mes amis ont éclaté de rire. J'ai ri aussi mais intérieurement, sans rien laisser remarquer à l'extérieur.

– Non, a répondu Yihad, toi tu n'es pas comme les autres filles. Ce que je veux dire, c'est que le Binoclard ressemble aux vraies filles, tu le pousses un peu et, déjà, il est par terre.

– Eh oh, mec, a dit Susana Culotte-Sale, attends un peu, je ne fais peut-être pas de taekwondo mais je peux te griffer la figure.

Yihad n'a plus trop su quoi dire car il a compris que s'il disait encore un mot de plus, toutes les filles allaient lui sauter dessus, et ça, vraiment, on ne le souhaite à personne. Toutes les filles de mon quartier sont des brutes, mais heureusement elles agissent toujours seules et n'ont pas encore eu l'idée de former une bande de criminelles. Elles deviendraient les chefs du

quartier. Le crâneur le plus crâneur de tous les crâneurs a baissé les yeux et s'est mis à marcher sans nous dire au revoir. Mélody Martínez m'a dit qu'elle me raccompagnait chez moi et je lui ai dit bon d'accord car vouloir la contredire n'est pas très facile et ne sert à rien. Elle m'a dit que, si je voulais, elle pouvait me donner des cours de self-défense afin que les crâneurs ne m'embêtent plus et comme ça elle ne me verrait pas toujours par terre, car c'est vrai que je passe ma vie par terre pour une raison ou pour une autre. J'aurais aimé dire à Mélody que ce n'était pas la peine, car j'avais terriblement peur que ce soit elle mon professeur et de me retrouver dans les airs comme un pantin à cause de toutes les prises qu'elle voulait me montrer.

– Il faut que tu apprennes, m'a-t-elle dit, car je ne serai pas toujours là pour te défendre.

Je lui ai répondu que ce n'était pas la peine qu'elle prenne toujours ma défense car, après, mes amis se moquent de moi et disent que, depuis que Mélody me court après, je vais à l'école avec mon gorille.

– Qu'ils rigolent, moi, ça ne me dérange pas qu'on me traite de singe, m'a-t-elle répondu en arrivant devant mon immeuble. Il est très beau ce costume, un peu BCBG, mais très beau.

Je l'ai regardée quelques instants et je me suis rendu compte que le mien aussi bien que celui du Bêta étaient recouverts de terre. Louisa allait être terriblement déçue.

– Je peux venir chez toi ? m'a demandé M. M. sans se gêner.

– Le problème c'est que nous n'allons pas dormir chez moi, nous allons chez la voisine car, aujourd'hui, on a opéré mon grand-père.

Soudain, je me suis souvenu de mon grand-père. J'avais passé toute la journée sans penser à lui. Ex-Superprostate, à l'hôpital, sans prostate, sans dents et sans nous.

– Dis-moi, Mélody, ai-je dit avant d'ouvrir la porte, comment as-tu réussi à paralyser Yihad de cette façon ?

Elle a voulu me faire une démonstration. Elle s'est mise derrière moi et m'a attrapé par le cou, en appuyant à un endroit qui m'empêchait de respirer, et puis elle m'a tordu le bras. Tu vas peut-être me prendre pour un idiot, mais en me voyant là sans pouvoir bouger une seule partie de mon corps, avec ces grosses mains qui me tenaient, j'ai ressenti de la peine pour Yihad qui rentrait chez lui tout seul, sans avoir gagné la bagarre. Je suis tellement habitué à ce qu'il gagne toutes les bagarres qu'en ayant perdu celle-ci, c'était comme si on lui avait enlevé quelque chose. Nous sommes entrés dans le hall et au fur et à mesure que nous montions l'escalier, nous découvrions tous les N que le Bêta avait dessinés ces derniers mois.

– Le N de grand-père Nicolas, a dit le Bêta.

– Oui, tu as raison, c'est le N de grand-père.

Je ne l'ai pas contredit, sachant qu'il était un peu triste en ce moment car il pensait à notre grand-père, qui devait être lui aussi un peu triste en pensant à nous.

SOUVENIRS D'UNE MÈRE

Ça fait bizarre d'être dans ton immeuble et de ne pas dormir dans ta propre maison. Louisa nous a laissé les clés de chez nous, à moi et au Bêta, pour que nous montions chercher nos pyjamas. Nous sommes montés sans oser lui dire que nous n'avions pas de pyjamas car chez moi on a l'habitude de dormir en slip pendant l'été et avec un vieux survêtement pendant l'hiver. Mais, je ne sais pas pourquoi, ça nous faisait un peu honte de le lui dire et qu'elle raconte ensuite à Barnabé :

– Ces enfants sont élevés sans pyjama, sans pantoufles ni robe de chambre à carreaux.

Mais surtout nous avions peur que Louisa nous emmène dans un hypermarché de garde pour nous acheter un équipement de nuit, avec une robe de chambre assortie à celles que porte Barnabé et que nous nous asseyions tous à dîner comme si nous étions une même famille. Tu ne connais pas Louisa ; je savais qu'en ces instants où elle tenait entre ses mains le destin de nos vies, elle était capable de prendre dans l'armoire de la salle de bains une perruque pour moi et une autre pour le Bêta, et de nous les mettre pour dire que nous étions le portrait vivant de Barnabé. Elle s'était trop attachée à nous.

C'est très bizarre d'être chez toi en visiteur. A l'intérieur, ça sentait mon grand-père Nicolas, ma mère et aussi mon père quand il est avec nous le week-end. Ça sentait le Bêta, l'eau de Cologne que lui met ma mère, et aussi ses constructions qu'il a rongées et qui sentent la bave. Puis le Bêta a dit que ça sentait aussi moi ; c'est possible, moi mon odeur, je ne la sens pas. L'heure à laquelle nous sommes montés chercher nos pyjamas était l'heure à laquelle ma mère, peu importe le jour, est déjà en train de crier d'habitude pour que nous prenions notre bain. Elle aurait répété, au moins dix fois, son ordre parce que nous, nous ne faisons attention ni à la première ni à la troisième fois. Nous obéissons en général à la dixième, c'est-à-dire quand ma mère sort de la cuisine avec une tape toute prête dans la main pour la déposer sur nos nuques. A la dixième, je serais rentré avec le Bêta dans la salle de bains, j'aurais rempli la baignoire et nous nous serions mis tous les deux dedans et, au bout d'une demi-heure, ma mère aurait commencé à crier pour que nous venions dîner, et nous n'aurions enlevé le bouchon de la baignoire qu'à la dixième fois que ma mère nous l'aurait demandé, car nous sommes des enfants fidèles à leurs habitudes. D'autres fois, pas toujours, ni moi ni le Bêta, nous n'avons envie de prendre un bain, alors nous fermons la porte à clé et nous ouvrons le robinet pour faire croire que nous sommes en train de nous laver. Nous pouvons rester une demi-heure à faire des bêtises sur le water ou le bidet et ensuite, avant de sortir (quand ma mère nous a ordonné dix fois de venir dîner), nous nous mouillons un peu la tête pour faire croire que nous sommes très propres.

Ce truc du faux bain ne marche pas à tous les coups car ma mère a un odorat je ne te dis pas, les policiers espagnols sauraient ça, ils l'engageraient comme chien antidrogue dans les aéroports. Aucun trafiquant au monde ne pourrait lui résister. Je me souviens d'une fois où, moi et le Bêta, nous avons seulement mouillé nos cheveux et sommes sortis, l'air de rien, de la salle de bains et que nous nous sommes assis à table pour dîner comme si nous étions les enfants les plus propres de la planète. Ma mère est arrivée avec la poêle à saucisses et a commencé à s'approcher de moi en bougeant les narines, comme si elle était sur une piste. Je suis resté figé comme une statue, et le Bêta encore plus que moi. Ma mère a cligné des yeux comme si elle était sur le point de découvrir un grand secret et, sans lâcher la poêle pleine de saucisses, elle est partie dans la salle de bains. Pendant ce temps, nous regardions notre assiette vide car, lorsque ma mère est prête à nous gronder, nous regardons vers le bas, ne me demande pas pourquoi. Puis elle est revenue de la salle de bains, avec la même poêle à la main et un sourire qui nous a fait dresser les cheveux sur la tête.

– Bien, bien…, a-t-elle dit en mettant les saucisses dans un plat. Tu en veux combien, Manolito ?

– Comme tu veux, maman.

Voilà ce que je lui ai répondu. D'habitude je lui dis de m'en mettre sept, et surtout qu'elle m'en mette une de plus qu'au Bêta, mais je savais que cette fois-ci ce n'était pas le moment de faire des blagues.

– Comme je veux, comme je veux..., non, imbécile, je t'en mets sept, et une de plus que ton frère, comme tu aimes.

Le Bêta et moi nous nous sommes regardés du coin de l'œil, ne sachant pas d'où venait tant de gentillesse. Pour la première fois dans nos vies, nous nous ne sommes pas battus pour le ketchup, nous n'avons pas mis de tomate partout, et le Bêta ne s'est pas étranglé avec le dernier morceau de saucisse. Nous avons mis nos assiettes dans l'évier et nous avons fait un bisou de bonne nuit à ma mère avant même qu'elle ne nous ordonne dix fois d'aller au lit. Nous nous sommes couchés très intrigués par la façon dont ma mère était devenue si étrange. Nous avons reconstitué les faits : au moment où elle allait nous engueuler, nous l'avions vue entrer dans la salle de bains, puis nous l'avions vue en sortir avec ce sourire tellement bizarre. J'ai demandé à mon grand-père s'il avait une idée de ce qui se passait.

– Je ne sais pas, mon gars, mais une chose est sûre, c'est que cette histoire est loin d'être finie.

Mon grand-père avait raison. Le Bêta et moi, nous avons fermé les yeux. Lui dans son gigantesque berceau et moi dans mon canapé-lit, nous avons fermé les yeux pour nous endormir le plus rapidement possible. Et nous nous sommes endormis tout de suite car, nous, les soucis ne nous ont jamais empêchés de fermer l'œil. Il devait être sept heures et demie du matin lorsque ma mère nous a réveillés avec un cri épouvantable.

– Debout les enfants ! Vous n'avez pas voulu vous laver hier soir ? Aucune importance. Ce matin, maman vous réveille une heure avant pour que vous preniez votre bain.

Nous avions tellement sommeil que c'est à peine si nous ne nous sommes pas endormis dans la baignoire. Il a d'ailleurs fallu rattraper deux fois le Bêta par la tête car il s'enfonçait dans l'eau, histoire de dormir une demi-heure de plus. Ce jour-là, nous avons compris qu'il était très difficile de tromper ma mère. Plus tard, elle nous a dit que nous avions été trahis non seulement par l'odeur de bouc que nous avons en rentrant de l'école mais que, en entrant dans la salle de bains, elle s'était rendu compte qu'il n'y avait pas la couronne noire que nous laissons tous les jours dans la baignoire en souvenir de notre saleté. Le Bêta et moi, nous nous sommes remémoré ces choses-là et bien d'autres encore, dans notre appartement abandonné. Ces souvenirs si tendres de ma mère nous ont rendus très nostalgiques : nous avions un père sur la route, un grand-père et une mère à l'hôpital. Nous étions deux enfants seuls, dans un appartement vide, se souvenant de leur famille et cherchant un pyjama qu'ils n'avaient pas. Nous étions les héros d'une histoire triste.

Notre nouvelle mère (Louisa) a ouvert la porte et nous a dit :

– Allez les enfants, l'eau n'est plus très chaude, je vais vous aider à prendre votre bain.

Quoi ? Louisa veut nous faire prendre un bain ? Alors ça jamais, avons-nous pensé tous les deux superenchœur.

COMMENT NOUS LIBÉRER DE LOUISA

Je crois que Louisa s'était fait tout un film. Il n'y avait qu'à la regarder, là, devant la porte de chez moi, avec deux peignoirs à la main, impatiente de nous voir descendre prendre un bain. C'étaient les peignoirs de Louisa et de Barnabé, les peignoirs les plus doux que j'aie jamais vus, pas comme ceux de chez moi, dont ma mère dit toujours : « Je vais bientôt les couper en morceaux pour en faire des chiffons. » Je l'entends répéter ça depuis que j'ai une mémoire dans mon cerveau.

Nous sommes descendus chez Louisa, et elle nous a beaucoup plaints d'être des enfants sans pyjamas, ça lui semblait inhumain. La baignoire était pleine, au fond il y avait comme du sable à cause des morceaux de sel que Louisa y avait placé. On se mettait dans le bain et Louisa et Barnabé nous frottaient le dos. Au bout de dix minutes, pas une de moins pas une de plus, ils nous attendaient, chacun avec un peignoir ouvert, que nous mettions les pieds sur le petit tapis, pour nous y envelopper rapidement et nous porter dans les bras jusque dans leur lit. J'ai voulu expliquer à Louisa que cette époque du peignoir qui t'attend à la sortie du bain pour aller ensuite dans les bras jusqu'au grand lit était terminée pour nous. Même le Bêta qui, comme chacun sait, est le petit chouchou à sa maman, sort tout seul de la baignoire, et c'est à moi, comme me l'a dit ma mère, qui suis grand, d'être responsable de mon frère, de le sécher, de l'aider à mettre son slip et de le peigner avec la raie sur le côté. Toujours est-il que le Bêta sort tout dégoulinant de la baignoire, et continue de dégouliner en se séchant à l'air car nos peignoirs en papier de verre sont pleins de trous, puis il enfile son slip sur ses petites fesses mouillées, du coup il lui faut un certain temps pour le mettre et très souvent il tombe par terre, ce qui ne le dérange pas, mais alors pas du tout, il aime ça, vu qu'il lui arrive tous les jours la même chose, et nous sommes du genre à rigoler de ce qui nous arrive tous les jours. Ensuite, d'après ma mère, je devrais le peigner mais je ne le fais pas non plus car, vu que je ne me peigne pas, moi, je ne vois pas pourquoi je devrais peigner les autres. A deux, nous nous arrangeons un peu les cheveux, nous mettons en hiver notre vieux survêtement et un calcif en été, voilà notre uniforme pour la nuit. Mais Louisa voulait que nous retournions au début des temps quand la salle de bains était contrôlée par ma mère. Cela nous terrorisait de devoir retourner en ces temps anciens où ma mère s'asseyait sur la cuvette des waters et nous disait : « Maintenant, frotte-toi là, maintenant ici, cette oreille, les petites fesses surtout… » Ça n'avait rien d'agréable. D'autant qu'elle n'était pas très douée pour régler la température de l'eau, qui était toujours froide ou bouillante. Je me souviens d'une fois où le Bêta et moi, nous sommes rentrés dans la baignoire et au bout de dix minutes ma mère est arrivée pour voir si tout se passait bien et elle nous a trouvés tout rouges en train de flotter le visage et le ventre hors de l'eau.

– Pourquoi vous ne bougez pas, les enfants ?

Sa voix nous est arrivée de très loin, comme si nous l'entendions d'une autre galaxie.

– Mon Dieu, les enfants, j'ai peur, arrêtez.

Nous avons alors senti un jet d'eau froide et nous nous sommes réveillés. C'était le traitement de choc classique. L'eau qu'elle nous avait fait couler était tellement chaude que nous en avions perdu la boule et nous étions en train de nous endormir. Pour nous ranimer, elle n'avait pas eu de meilleure idée que d'ouvrir le robinet d'eau froide. Ç'a été un dur moment à passer, ma mère s'en souvient comme du « jour où elle nous a sauvé la vie ». Encore aujourd'hui, quand elle le raconte à une invitée, nous devons nous jeter dans ses bras pour la remercier, sinon elle se fâche et dit que nous ne sommes pas reconnaissants de ce qu'elle a fait pour nous.

Cela fait déjà bien longtemps que ma mère a arrêté de venir avec nous dans la salle de bains, et tout le monde en est sorti gagnant : d'abord elle, qui peut s'allonger, les doigts de pied en éventail, et regarder la télé pendant que mon grand-père surveille les saucisses dans la poêle, et puis nous, qui passons de bons moments avec nos éternels jeux aquatiques : les pets avec la bouche, les pets proprement dits et les gargarismes maritimes. Je t'avouerai une chose : depuis deux ans nous faisons les mêmes jeux et nous ne nous ennuyons toujours pas. Au contraire ! Ça nous plaît de plus en plus, encore plus qu'il y a deux ans, quand ma mère, « dégoûtée des gosses ! », a décidé de me laisser garder le Bêta pour le restant de ma vie.

Le soir où nous nous sommes transformés en enfants adoptifs de Louisa, il a été très difficile de nous débarrasser d'elle au moment du bain. Nous avons dû élaborer un plan. Le Bêta a emmené Barnabé à la cuisine et lui a demandé un verre d'eau. De là, il a appelé Louisa. Puis après avoir bu toute l'eau, il a dit :

– Maintenant, un bisou à Barnabé.

Barnabé était tellement content qu'il en bavait.

– Maintenant, un bisou à Louisa.

Le Bêta le lui a fait et Louisa, à son tour, s'est mise à baver.

– Maintenant Louisa et Barnabé s'aiment par le museau.

Il les a alors poussés l'un contre l'autre, et Barnabé et Louisa, presque les larmes aux yeux, ont approché leurs museaux et se sont fait un bisou d'amoureux. Durant ce moment d'émotion intense, le Bêta est parti en courant, tandis que moi je l'attendais dans le couloir en ayant laissé la porte de la salle de bains ouverte. Nous y avons couru tous les deux, nous avons fermé le loquet et, haletants comme des chiens, nous avons éclaté de rire comme des marsouins. Enfin seuls ! Le plan, je dois l'avouer, avait été préparé et pensé par le Bêta, qui est un enfant diabolique, bien pire que celui du film *Chouki*. Louisa et Barnabé ont frappé plusieurs fois à la porte. Louisa nous disait :

– Les peignoirs, c'est moi qui les ai, ils sont ici. Faites attention les enfants, vous allez glisser.

Ça c'était au début. Ensuite elle nous a dit des choses bien plus affreuses, qu'elle raconterait tout à ma mère quand celle-ci téléphonerait. Nous avons entendu Barnabé lui dire :

– Fiche-leur donc la paix.

Nous, ça nous était égal car nous avons commencé à nous préparer un bain comme dans les films. Nous avons ouvert l'armoire à produits de Louisa et oh ! surprise : les sels, les crèmes, des petites boules d'huile de celles que met ma mère dans son bain avant le retour de mon père, le vendredi, plus les perruques de mon parrain Barnabé ! Tout cela était à notre disposition pour un bain dont nous nous souviendrons toujours et que je pense te raconter dans le prochain chapitre.

L'ANGELOT

J'étais monté sur un tabouret recouvert de laine d'agneau rose. Dans les W.C. de Louisa, tout est recouvert de laine d'agneau rose. On dirait, je n'exagère pas, les W.C. d'une star d'Hollywood. La seule chose qui manque, c'est la star d'Hollywood. Le Bêta a beau dire que Louisa est pareille que Melanie Griffith, la vraie vérité c'est que Louisa fait plus genre Carabanchel, et jamais encore une star d'Hollywood n'est sortie de Carabanchel. Tous nos espoirs reposent sur Susana Culotte-Sale, qui est déjà dans mon école un sex-symbol je ne te dis pas, et sur Mélody Martínez, qui pourrait jouer le rôle d'Arnold Schwarzenegger, mais cn femme. Je nc sais pas si ce rôle a déjà été inventé.

J'étais monté sur le tabouret d'agneau et je tendais au Bêta des pots de sels et autres substances parfumées. Je disais à mon frère :

– Mets-en un peu de chaque, juste une pincée.

Mais le Bêta est un enfant qui n'a aucun sens des mesures, et il prenait le pot d'un air très sérieux, le mettait au-dessus de la baignoire, et le retournait complètement. Les sels tombaient comme s'il avait jeté un sac de terre. Avec les petites boules d'huile, il a fait la même chose, et pareil pour un gel de Louisa, où il était écrit sur le flacon qu'il était hyperrelaxant.

– Il n'y a plus de place, a dit le Bêta.

Je suis descendu du tabouret et j'ai vu qu'il avait raison. Si nous avions continué à jeter des choses, il n'y aurait bientôt plus eu de place pour nous. Le fond de la baignoire ressemblait au fond d'un aquarium, plein de terre et de petites boules.

– Il manque maintenant le plus important, ai-je dit à mon frère, qui me regardait, comme toujours, avec beaucoup d'admiration.

Je suis remonté sur le tabouret d'agneau, j'ai attrapé la douche et, de toutes mes forces, je me suis mis à asperger la baignoire d'eau chaude. Il s'est mis à y avoir beaucoup, beaucoup, beaucoup de mousse. Elle montait le long des murs, bouchait les robinets, on aurait dit un être vivant prêt à nous dévorer. J'ai alors cherché les robinets à tâtons car on ne voyait déjà plus rien. Une chance que je les aie trouvés car la mousse commençait à sortir par la porte de la salle de bains.

Nous nous sommes mis dans la baignoire et nous avons dû nous ouvrir un passage avec les mains afin de voir nos visages. Le Bêta ressemblait à un de ces gros angelots des tableaux anciens, qui viennent là pour accompagner la Vierge jusqu'au ciel. Il était pareil, les mêmes cheveux blonds avec les mêmes bouclettes, les mêmes bourrelets tout blancs sur le ventre, et deux marques bien rouges sur les joues. Et, autour de lui, un nuage blanc d'ange qui était en train de monter au ciel. Louisa l'aurait vu à ce moment-là, je suis sûr qu'elle aurait eu envie de l'accrocher au mur de sa chambre, car elle a une Vierge (une sculpture) en pleine ascension, avec les yeux regardant vers le haut, un nuage à moteur à réaction sous les pieds, et plein d'angelots tout autour.

Un matin, nous allions à l'école et nous avons croisé Barnabé, qui partait à son travail et qui était en train de se disputer avec Louisa devant la porte. Il portait un bandage en travers de la tête et une casquette (car il n'existe pas de demi-perruque pour des cas comme celui-là). Le Bêta, qui demande toujours tout, a demandé à mon parrain :

– Tu t'es fait taper par Louisa ?

– Non, mais presque.

Et après cette réponse plutôt énigmatique, il nous a raconté qu'un des angelots de Louisa s'était décroché en pleine nuit et avait atterri sur son crâne chauve et lui avait fait une entaille qui arrivait presque jusqu'à son cerveau. C'est la seule fois où j'ai vu mon parrain se fâcher avec Louisa.

– Ce n'est pas la faute de mon angelot, disait-elle. C'est de ta faute, Barnabé, je ne comprends pas pourquoi tu dois enlever ta perruque pour dormir.

– Parce que j'en ai envie.

– Sans perruque, tu n'es pas protégé pour dormir, et voilà ce qui t'arrive.

– Tu trouves ça normal d'avoir dix anges accrochés au mur ?

– Oui, monsieur, je trouve ça très normal.

Moi et le Bêta nous les regardions, interloqués, sans

savoir qui des deux avait raison car, d'un côté, nous comprenions que Barnabé en ait marre des angelots de Louisa et, de l'autre, ça nous faisait beaucoup de peine que celle-ci soit obligée de les enlever. Au mur, ils ont une touche terrible. On dirait une chambre de la fin des temps. Nous sommes partis à l'école, et le Bêta m'a demandé si Barnabé et Louisa allaient se séparer, et je lui ai dit que non, que les gens étaient comme nos parents ou comme nous, qu'ils se fâchaient mais qu'à la fin ils ne se séparaient presque jamais, car ils doivent payer le crédit du camion ou d'un appartement. Depuis cette histoire, nous avons appris que Barnabé dort avec sa perruque et que Louisa continue toujours sa collection d'angelots. Elle en est maintenant à quinze.

Si jamais le Bêta tombait du mur sur la tête de Barnabé, avec ce que pèse le Bêta, il le tuerait. Voilà ce que j'ai pensé en le voyant devant moi dans la baignoire. Nous avions versé tellement de parfums différents que nous étions sur le point de mourir d'extase odorante et, avec la quantité d'huile qu'il y avait, nos corps glissaient comme des poissons. Quand Louisa a failli casser la porte, nous avons décidé de sortir de la baignoire. J'ai dû essuyer mes lunettes à cause de la mousse et lorsque j'ai ouvert la porte, Louisa a dit :

– Mon Dieu, qu'est-ce qui est arrivé ?

La vérité c'est que nous avions déconné un max. Il y avait de la vapeur et de la mousse jusqu'au plafond. Nous avons aperçu dans la baignoire un corps blanc qui se levait. C'était le Bêta, évidemment ; il n'y avait pas d'autre être avec nous. Louisa est montée aux murs comme une plante grimpante quand soudain elle nous a menacés :

– Vous allez voir quand votre mère va appeler ! Je vais lui dire, moi, comment vous vous comportez !

A ce moment-là, le téléphone a sonné. C'était elle, ma mère, qui appelait pour savoir comment allaient ses enfants, nous. C'est Barnabé qui a décroché. Nous l'avons entendu parler avec nos oreilles pleines de mousse. Louisa nous regardait.

– Je vais aller lui parler, moi, et je vais lui dire que vous avez gaspillé tous mes sels, mes huiles, mes savons relaxants ; que vous avez mis de l'eau partout, que vous vous êtes enfermés à clé. Je vais lui raconter la vérité et je vais lui dire : « Catalina, viens tout de suite chercher ces deux enfants, ils sont insupportables. »

Le Bêta et moi, nous nous sommes mis à trembler. Mais il est arrivé quelque chose qui nous a sauvés de la mort : Louisa est partie au salon et elle a dit :

– Mais, Barna, qu'est-ce que tu as fait ?

– Rien, je lui ai dit que tout allait bien et j'ai raccroché.

Ce gros fayot de Bêta est sorti tout nu de la salle de bains, a glissé dans le couloir comme une dorade huileuse, a rattrapé Louisa par la jupe, et lui a crié :

– Bébé veut que tu l'emmènes en peignoir à ton lit.

La colère de Louisa a aussitôt disparu. Elle l'a attrapé comme un petit cochon et l'a transporté jusqu'à son lit, où elle lui a fait plusieurs bisous sur le ventre. J'ai marché derrière eux, puis je me suis assis sur une chaise et j'ai regardé le Bêta se tordre de rire à cause des bisous de Louisa. Dans ma tête, je me posais une très grande question : comment faisait le Bêta pour qu'on ne l'engueule jamais ?

LA CHAMBRE DES INVITÉS

Louisa a refusé catégoriquement (ou carrément, je ne me souviens plus) que l'on dîne en slip. Je crois même qu'elle a dit que c'était contre sa religion, aussi m'a-t-elle mis un pyjama à rayures de Barnabé, dont j'ai remonté les manches des mains et des pieds, et au Bêta un tee-shirt et un slip de Barnabé qui ressemblait plus à un short, et pendant un bon moment nous avons rigolé en nous regardant dans la glace car le pantalon de mon parrain avait une fente sur le devant au cas où il aurait envie de faire pipi à minuit mais qu'il ne veuille pas le baisser. Ça nous a semblé trop marrant et nous sommes allés aux W.C. pour essayer de pisser par cette fente du pantalon, mais Louisa nous a surpris et a dit :

– Pas de cochonneries, ici.

Ça nous a coupé le sifflet. Puis elle nous a assis à table et a dit que ce soir même, elle allait changer notre alimentation de manière radicale et que, lorsque ma mère reviendrait, elle ne nous reconnaîtrait pas. Et après son discours, qui nous a semblé très bien, elle est arrivée de la cuisine en portant un plat avec des choses vertes. Moi je savais que c'étaient des haricots verts car, il y a deux ans, mon grand-père a passé une période sans dents, le temps qu'on lui fabrique le nouveau dentier d'aujourd'hui que tout le monde connaît, et durant cette période il a mangé des choses molles, des haricots verts et autres herbes trempées dans l'eau. Mais, bien sûr, le Bêta ne s'en souvenait pas, et en voyant ce vert au milieu de la table, il s'est mis à pleurer sans qu'on puisse l'arrêter car il avait très faim, mais il a dit qu'il ne mangerait rien de vert et, de temps à autre, entre le hoquet et les terribles larmes, on entendait :

– Bébé ne mange pas de vert, bébé ne mange pas de vert.

Ne sachant pas quoi faire, Louisa a pris une serviette et a recouvert l'assiette de haricots afin que le Bêta ne les voie plus et se calme un moment. J'ai dit que je pouvais monter chez moi chercher une boîte de saucisses, car ma mère en a toujours des provisions au cas où, un jour, il y ait une alerte nucléaire ou un truc du même genre. Ma mère a aussi cinq tétines de la marque qu'utilise le Bêta. Tétines et saucisses, car imaginer une alerte nucléaire avec le Bêta qui pleure parce qu'il a perdu sa tétine ou parce qu'il n'y a pas de saucisses à dîner, c'est une situation que je ne veux même pas imaginer.

Je suis descendu avec les saucisses et j'ai demandé à Louisa qu'elle les fasse un peu brûlées sur le dessus et crues à l'intérieur, car ma mère nous a habitués comme ça. Quand le Bêta a aperçu les saucisses dans son assiette, il a arrêté de pleurer, même si parfois il regardait vers le plat de haricots verts recouvert de la serviette et qu'il laissait échapper un grand sanglot qui remuait tout son corps. Louisa a emporté le plat de haricots et nous avons tous mangé des saucisses afin que le Bêta ne se souvienne pas du gros chagrin qu'il venait d'avoir. Même Bonie a mangé des saucisses. Elle se met toujours à côté de la table quand tu es en train de manger et elle fait une sorte de gémissement : « Mmmi, mmmi, mmmi », pour que tu lui donnes quelque chose. Nous avons découvert que le Bêta lui donnait de temps en temps un morceau de saucisse avec sa fourchette, et Louisa lui a dit qu'on ne donnait rien aux chiennes avec la fourchette car ce n'est pas beau que les chiennes et les personnes partagent les mêmes couverts. Mais Bonie est une des personnes que le Bêta aime le plus au monde, et il a insisté et il a fallu le laisser, car c'est un enfant qui pleure s'il n'en fait pas qu'à sa tête, et nous étions déjà tous un peu fatigués de l'entendre, et Louisa a dit qu'il était trop tard pour supporter un enfant qui pleure.

Nous sommes allés dans une pièce que Louisa appelle la chambre des invités car, dès que quelqu'un vient chez elle, il doit dormir dans cette chambre, que ça plaise ou non à l'invité. Dans le passé, la chambre des invités était celle de la mère de Barnabé, mais elle n'est plus revenue chez Louisa depuis le jour où elle a regardé Bonie avec mépris car Bonie voulait se coucher avec elle dans son lit, et Louisa a dit à la mère de Barnabé :

– Écoutez, madame, entre une chienne et une belle-mère, je préfère une chienne.

Nous, ça ne nous posait aucun problème de dormir avec Bonie, et le Bêta a même insisté pour qu'elle se mette dans le lit avec nous, mais elle n'a pas voulu parce que le Bêta veut la prendre tout le temps dans ses bras, et elle n'aime pas ça. Elle s'est couchée à nos pieds. Louisa et Barnabé nous ont fait beaucoup de bisous et nous ont demandé si nous nous étions bien amusés avec eux, et je leur ai répondu que ça avait été le plus beau jour de ma vie, et le Bêta a dit que ça avait été le deuxième plus beau jour de sa vie, le premier étant le jour où sa maman reviendrait de l'hôpital. Avant d'éteindre la lumière, Louisa et Barnabé sont restés devant la porte un moment à nous regarder ; il m'a semblé qu'ils nous aimaient beaucoup, beaucoup plus que nous ne les aimions.

Moi et le Bêta, nous avions tous les deux les yeux ouverts dans le noir. Au-dessus de nous, au-dessus du plafond que nous étions en train de regarder, notre maison était toute seule dans le noir. Chez Louisa, il y avait un silence de mort. Chez nous, il n'y a jamais de silence. Dans la nuit, on entend ronfler mon grand-père, le vendredi on entend mes parents parler jusque très tard, le Bêta demande de l'eau à chaque instant, la radio de mon grand-père reste allumée toute la nuit. Moi je ne pouvais pas dormir comme ça, sans rien, sans un bruit, et il devait arriver la même chose au Bêta, car il m'a dit :

– A peur.

– Qui ?

– Bébé.

– De quoi ?

– Que les anges de Louisa viennent et me mordent, de Barnabé chauve, de Louisa pas peignée.

Je lui ai répondu :

– Allez, ne dis pas de bêtises.

Mais la vérité c'est que j'ai commencé à imaginer que les angelots de Louisa se détachaient de leurs clous et venaient dans notre lit en montrant leurs canines, et il y avait, derrière, Barnabé sans sa perruque et Louisa avec ses cheveux horribles comme quand elle se lève, et un frisson a parcouru toutes les parties de mon corps.

Le Bêta s'est collé à moi comme une sangsue, alors je me suis armé de courage et je lui ai raconté une fois de plus l'histoire de sa naissance, que je ne l'aimais pas au début et puis que j'ai commencé à l'aimer au fur et à mesure que je le connaissais plus personnellement. C'est une histoire qu'il aime beaucoup car elle finit bien. Et après avoir fait un de ses pets musicaux (qui ressemblait au début de *La Macarena*), il s'est tellement cramponné à moi pour dormir que je n'ai pas pu bouger de toute la nuit.

LES BARNABÉS

Le matin, en nous levant, il nous a fallu facilement trente secondes pour savoir où nous étions : chez Louisa, car ma mère était restée à l'hôpital avec mon grand-père, qui n'avait plus de prostate. A moins, bien sûr, qu'ils se soient trompés et que au lieu de la prostate, ils lui aient enlevé le foie, ce qui, d'après Louisa, arrive assez souvent dans les hôpitaux. D'ailleurs, pendant un temps, elle a fait une collection d'erreurs médicales : ce sont des papiers découpés dans les journaux ou des choses que lui ont racontées les gens et qu'elle a écrites. Elle dit qu'un jour elle fera un livre avec tout ça, que ce sera un best-seller et qu'elle mettra Barnabé à la retraite et qu'ils iront sur une plage avec beaucoup de palmiers et qu'ils nous emmèneront moi et le Bêta pour que nous fassions peur aux mouches avec une branche pendant qu'eux se bronzeront au soleil avec l'argent du best-seller tout près, pour que personne ne le leur prenne, dans la banane, bien collée à son ventre. Si tu vois un jour sur une plage tropicale un couple avec deux bananes attachées autour de la taille et deux enfants (dont un à lunettes) qui font peur aux mouches en agitant une branche : c'est nous.

Pendant le petit déjeuner, j'ai demandé à Louisa combien de temps un grand-père pouvait vivre sans foie. Pourquoi, je n'en sais rien, pour me préparer au pire, en pensant que le chirurgien avait perdu la tête et qu'il avait coupé l'autre côté. Et lorsqu'elle m'a répondu qu'un grand-père sans foie ne durait pas plus d'un matin, j'ai commencé à angoisser et à penser que peut-être nous ne reverrions jamais mon grand-père vivant. Je suis devenu tout pâle, Louisa a eu peur et a crié :

– Qu'est-ce qui t'arrive, qu'est-ce qui t'arrive ?

Lorsque j'ai pu lui dire avec ma bouche sans salive que j'avais peur d'avoir, en ce moment, un grand-père sans foie et sans vie, Louisa m'a un peu rassuré en me disant qu'elle savait par ma mère que mon grand-père était superbien et que j'allais le voir de mes propres yeux, car cet après-midi elle nous emmenait à l'hôpital et nous lui apporterions des chocolats que nous mangerions, nous, car les grands-pères qui viennent d'être opérés ne peuvent pas manger de chocolats ; ce sont les petits-enfants qui doivent manger toute la boîte. Ça m'a un peu consolé mais, dans mon cerveau, je savais que, tant que je ne verrais pas mon grand-père, je ne croirais pas un seul mot de ce que disait Louisa qui, comme dit ma mère, ment comme elle respire.

Ce matin-là, le petit déjeuner chez Louisa a été paranormal : le Bêta n'a pas renversé une seule goutte de son bol de lait (chez nous, il en renverse tous les jours), ce qui n'était pas encore arrivé depuis que j'ai une mémoire cérébrale, et qui, par la suite, ne s'est pas reproduit. Ce sont des choses bizarres qui arrivent, des événements étranges qui ne se répètent plus durant des centaines d'années, comme le passage d'une comète ou la chute d'une météorite.

Louisa nous a dit que nous devions rester tout seuls pendant qu'elle allait chez le coiffeur car, « Avec les cheveux que j'ai, a-t-elle ajouté, je ne peux pas aller cet après-midi dans un hôpital. » Elle nous a dit que nous devions être responsables et nous occuper de ses animaux. Ce n'est pas que l'appartement de Louisa soit une ferme, mais il y a quand même un poisson, un canari, plus la célèbre Bonie, et il faut faire attention à leur nourriture et à ce qu'ils ne se dévorent pas entre eux. Les animaux semblent très gentils, sauf qu'après avoir vu les documentaires de l'après-midi durant lesquels mon grand-père ronfle, tu as un doute : un canari jaune qui t'a toujours paru innocent, jamais tu pourrais imaginer que ce même canari puisse péter les plombs, te donner un coup de bec, te sortir un œil et le manger là, dans sa cage.

Nous avons dit à Louisa au revoir, au revoir, et nous sommes restés là, vêtus chacun d'un pyjama de Barnabé, car Louisa nous a dit que le mieux pour être à la maison, c'est le pyjama. Dès qu'elle est partie, le Bêta a eu l'idée d'aller dans l'armoire à perruques de Barnabé pour les mettre sur nos têtes. Je lui ai dit que nous devions, d'abord, nous assurer que Louisa était bien partie. Nous sommes donc allés à la fenêtre et nous l'avons vue qui parlait avec une voisine, et avec une autre (pourquoi faut-il qu'elle parle autant ?) puis rentrer chez M. Chignon, le salon de coiffure où vont toutes les femmes que j'ai connues dans ma vie. Enfin, nous étions libres.

Nous avons mis chacun notre perruque. Le Bêta a mis celle que Barnabé s'était faite avec les vrais cheveux de Louisa, et moi j'en ai mis une plus stricte, plus foncée, celle que mon parrain utilise pour les mariages ou les communions. Une fois déguisés en Barnabé, nous avons fait comme si nous étions des vétérinaires. Sauf qu'avant, nous nous sommes fâchés et que nous avons failli ne pas jouer car nous voulions tous les deux nous appeler Barnabé, et pourtant, je lui disais que ça faisait trop bizarre d'aller dans une clinique vétérinaire et d'y rencontrer deux frères vétérinaires qui s'appellent pareil. J'ai essayé de le convaincre et je lui ai proposé plusieurs noms : Francisco, Eusébio, Vicente... Des noms qui me semblaient bien quand on est vétérinaire, mais le Bêta me disait non, non et non et que, s'il ne s'appelait pas Barnabé, il ne jouerait ni à ça ni à rien d'autre. Moi, j'aimerais bien avoir un petit frère pour pouvoir lui ordonner tout ce que je voudrais. Je crois que les petits frères servent à ça, mais le Bêta est un enfant très têtu qui est né pour n'en faire qu'à sa tête.

– Bébé s'appelle Barnabé, m'a-t-il répété en croisant les bras. Manolito s'appelle comme il veut, Francisco ou Vicente.

Ça ne me faisait pas non plus envie, et nous sommes arrivés tous les deux à un accord : nous serions les premiers frères dans l'histoire à s'appeler pareil. Notre

LES BARNABÉS
(PROFESSIONNELS DES PIEDS À LA TÊTE)

clinique vétérinaire aurait pour nom Les Barnabés, et beaucoup de gens du monde entier viendraient voir de leurs propres yeux les deux frères qui s'appellent pareil et qui font le même métier. Quand quelqu'un dirait :

– J'amène cette chienne enragée chez le vétérinaire, où est le docteur Barnabé ?

Nous nous mettrions tous les deux derrière le comptoir en faisant un grand sourire et nous répondrions :

– Nous sommes le docteur Barnabé.

Et l'un regarderait la chienne enragée du côté de la queue et l'autre du côté de la gueule. Et tout le monde serait content.

Nous les Barnabés, nous nous sommes mis à nous occuper de nos animaux. Pour commencer, j'ai sorti Tutto (le canari), pour qu'il se dégourdisse les ailes pendant que je nettoyais sa cage, car je ne voulais pas laisser la cage sous la douche avec le canari dedans. L'autre Barnabé (le Bêta) s'est mis à chercher un thermomètre pour le mettre à Bonie. Nous nous occuperions plus tard de Petit Ferdinand le poisson car, d'après le Bêta, l'eau de l'aquarium était très froide et le poisson Petit Ferdinand pouvait s'enrhumer. « Mets tes animaux dans les (quatre) meilleures mains : Les Barnabés », voilà l'annonce que nous pensions publier dans les Pages Jaunes.

LE SOLDAT INCONNU

Ça n'a pas été facile de mettre le thermomètre à Bonie car, lorsque nous avons sorti le canari Tutto, on a cru qu'elle avait attrapé la rage. Un peu plus et elle le mangeait pour son goûter. Le canari volait très mal, ça faisait peine à voir, enfin, on ne peut pas vraiment dire qu'il volait, il faisait juste des petits sauts.

– Bébé vole mieux, a dit le Bêta.

Il avait raison, j'ai déjà vu voler le Bêta quand nous jouons à Superman ou à d'autres jeux, et il s'y prend mieux pour voler que ce canari. Mais le Bêta vit en liberté et, évidemment, ça aide. Ce canari avait passé beaucoup de temps enfermé et ses ailes ne marchaient pas bien.

Tutto a sautillé dans l'espace que Louisa réserve aux lieux historiques du monde. Il a sauté du parchemin égyptien sur des fossiles qu'elle avait achetés au supermarché le jour de la semaine de la préhistoire terrestre, puis il a sauté sur la tête des lutteurs de sumo et, de là, sur un poster de Vienne, la ville où Louisa aimerait aller, sauf qu'elle a peur que la perruque de Barnabé s'envole pendant qu'ils dansent la valse et que tout le monde rigole. Tutto est resté perché sur le cadre de la photo de Vienne. Bonie est montée sur une chaise et s'est mise à aboyer et à montrer les dents au canari, à un point qu'elle faisait peur. Bonie, cette chienne de coussin, comme dit Louisa, s'était soudain transformée en chienne de proie. Le Bêta, qui est très courageux, a insisté pour lui mettre le thermomètre car il disait qu'un vétérinaire comme lui n'avait peur d'aucun animal sauvage. Il a voulu lever la patte de Bonie pour le lui mettre, mais la chienne a tourné la tête, en montrant les dents, et pour un peu elle mangeait le thermomètre et la main du vétérinaire.

Le vétérinaire était courageux mais jusqu'à un certain point, bien sûr, car il avait compris que Bonie pouvait le mordre, et il a mis ses mains autour de mon cou pour que je le prenne dans mes bras. Nous étions assez inquiets et sommes restés tous les deux un moment derrière le sofa à écouter grogner Bonie. L'idée est venue au Bêta de faire à la chienne une injection antirabique d'urgence, ce qui m'a paru très bien sauf que, comme nous n'avions pas de seringue, nous avons dû penser à autre chose. C'est alors que le Bêta, l'enfant aux grandes idées, m'a dit que nous pouvions enfermer Bonie dans la cuisine et chasser ensuite Tutto et le remettre dans sa cage, parce qu'un canari qui vole si mal ne mérite pas d'être lâché dans les lieux historiques du monde. J'ai dit au Bêta très bien, enfermons Bonie dans la cuisine, mais comment ? me suis-je demandé aussitôt et, avec moi, une bonne partie de l'Espagne. A ce moment, le Bêta s'est transformé en enfant d'action et m'a dit ici même, derrière le sofa :

– Couvre bébé, couvre-le.

Je ne comprenais pas ce qu'il voulait dire, jusqu'à ce que je le voie sortir en rampant, comme les soldats qui vont dans les films d'une tranchée à l'autre. Il lui manquait juste un casque et des feuilles d'arbre sur la tête pour être le parfait soldat inconnu. Moi je ne savais pas avec quoi le couvrir et je n'avais pas du tout envie de sortir de derrière le sofa, à moins que Bonie, cette chienne de proie, ne se jette sur moi. Aussi j'ai fait ce qu'aurait fait n'importe quel soldat : je suis resté dans la tranchée, avec le bras étiré comme une mitraillette, et j'ai visé Bonie pour protéger mon frère, le soldat inconnu. Je te dis ça pour que tu te rendes compte de la grande imagination que nous avons, nous les enfants de l'enfance.

Le Bêta est arrivé dans la cuisine et je l'ai entendu qui ouvrait le frigo. « Qu'est-ce qu'il fait ? » me suis-je demandé tout en continuant de viser Bonie. Je l'entendais fouiller dans le frigo, sortir des assiettes, ouvrir des tiroirs. « Le soldat inconnu serait-il devenu fou ? » me suis-je alors dit. Après tout, il est déjà arrivé la même chose à beaucoup d'autres à cause de la supertension guerrière. Moi, évidemment, je ne pensais pas bouger de ma cachette, car j'étais le typique soldat inconnu qui ne prend pas de risques. Si ça tournait vraiment mal dans cette maison d'animaux sauvages, je pouvais reculer derrière le sofa et atteindre la porte de la rue et être le typique soldat déserteur.

Mais, soudain, j'ai compris ce que le Bêta allait faire. Il est sorti de la cuisine avec un morceau de viande crue à la main, qu'il a caché derrière son dos. Il s'est planté au milieu du salon et a regardé Bonie avec un grand sourire aux lèvres.

– Bonie, fifille... Bonie, fifille...

Pour toute réponse, Bonie lui a montré les crocs puis a de nouveau tourné les yeux vers le canari, toujours perché sur Vienne. On aurait dit qu'elle le prévenait : « Écoute, petit, ne me dérange pas maintenant, j'attends que cet oiseau tombe du cadre pour le croquer. » Mais le Bêta a insisté :

– Bonie, fifille...

Bonie a perdu patience, elle est descendue de la chaise et est allée vers lui. J'étais sur le point de courir vers la porte et de devenir le soldat déserteur, quand j'ai vu le Bêta, avec le même sourire, sortir le morceau de viande de derrière son dos et le lancer vers la cuisine. Bonie a regardé un instant le canari, puis un instant le morceau de viande sur le sol de la cuisine, et a pensé : « Qu'est-ce qui est le mieux, un gros morceau de viande ou un canari plein d'os ? » Finalement, elle a préféré le morceau de viande et est partie vers lui à toute vitesse. Le Bêta a alors fermé la porte de la cuisine, et a dit :

– Et voilà.

Le soldat déserteur (moi) est sorti de derrière le sofa, halluciné par l'exploit du soldat inconnu, et l'a félicité, car être déserteur n'empêche pas de reconnaître que les autres font quelque chose de bien. Maintenant, il ne nous restait plus qu'à chasser Tutto, qui était toujours là-haut, mort de peur et tout tremblant, comme s'il était sur le chemin de l'abattoir. J'ai laissé le Bêta décider, car il était clair que en matière d'exploits guerriers, c'était lui le leader.

– Chassons-le avec la perruque, a-t-il dit.

Et il a enlevé de sa tête la perruque de Barnabé, il est monté sur la chaise et a commencé à jeter la perruque vers le cadre. A la cinquième fois, elle est tombée sur le pauvre canari bleu de peur et perruque et oiseau se sont retrouvés par terre. Moi, pour collaborer, j'ai apporté en courant la cage de Tutto, et le Bêta y a mis la perruque de Barnabé avec Tutto dedans. Le canari est apparu au milieu des cheveux de la perruque et s'est mis à chanter. Nous avons pensé qu'il nous était très reconnaissant.

Je suis resté là à regarder le Bêta avec une admiration infinie.

PETIT FERDINAND, UN POISSON SANS FOYER

Avec Bonie enfermée dans la cuisine et Tutto dans sa cage, moi et le Bêta (les Barnabés) avions les mains libres pour nous occuper du pauvre poisson Petit Ferdinand. Petit Ferdinand est un poisson qui a très bon caractère, comme presque tous les poissons, mis à part les requins et autres poissons voraces. Petit Ferdinand passe sa vie dans un aquarium rond, à tourner autour d'un rocher, d'un plongeur en plastique et d'un coffre avec un trésor, que j'ai choisi dans mes Lego pour l'offrir à Louisa. Elle l'aime beaucoup car il donne à l'aquarium une ambiance superréaliste de fond de mer. Petit Ferdinand est orange et pas très marrant : il ne chante pas comme Tutto, ne mange pas de gambas comme Bonie. Tu ne t'attaches pas à Petit Ferdinand comme tu t'attaches au meuble-bar ou à une tasse, tu t'attaches à lui parce que tu le vois tous les jours en train de faire des tours et des tours dans son bocal. Mais bon, ce que je veux dire, c'est qu'avec Petit Ferdinand tu n'as pas ce que l'on appelle une grande communication.

Après avoir mouillé un peu sa tétine dans le bocal de Petit Ferdinand et l'avoir mise dans sa bouche (c'est sa façon de prendre la température), le Bêta a dit :

– L'eau de Petit Ferdinand est froide.

J'ai pensé qu'il fallait arranger ça et que Petit Ferdinand serait sans doute plus expressif ou plus joyeux s'il avait une eau plus tropicale, car son problème c'est qu'il avait peut-être les muscles engourdis, d'où son air de tête de mort.

Nous avons transporté le bocal dans la cuisine afin de réaliser l'opération du changement d'eau. Bonie continuait de dévorer son morceau de viande crue. Elle avait un petit filet de sang sur les babines et paraissait encore plus sauvage. Dès qu'elle nous a vus entrer, elle a transporté sa viande crue dans un coin, car elle avait peur qu'on la lui enlève. Le Bêta a essayé de pêcher Petit Ferdinand avec la main, mais il n'y avait pas moyen car c'est un poisson très glissant, du coup nous avons pris la passoire pour le lait et, grâce à ça, nous avons réussi à l'attraper. J'ai essayé de le faire très rapidement, car un poisson dans une passoire ne peut pas survivre très longtemps. Je ne sais pas comment j'ai fait, ne me le demande pas car tout s'est effacé de mon cerveau mais, en approchant le bocal de l'eau chaude, il m'a glissé des mains et s'est cassé sur le sol de la cuisine. Moi et le Bêta, nous sommes restés paralysés à regarder les morceaux de verre, quand Petit Ferdinand a commencé à respirer comme s'il s'étouffait. Je crois que c'est parce qu'il se rendait compte que son avenir était très sombre. J'ai failli me fâcher avec le Bêta car, sans quitter le sol des yeux, il m'a dit :

– Je le savais.

C'est une phrase qu'il a apprise de ma mère, qui dit toujours : « Je le savais » quand tu tombes ou jettes quelque chose, et toi, à ce moment-là, même si c'est ta mère, tu la prends en grippe.

Je me serais battu avec le Bêta si nous ne nous étions pas rendu compte que Petit Ferdinand était au plus mal. Il n'était plus orange, mais était devenu marron. Comme mesure d'urgence, j'ai versé de l'eau dans un verre et nous l'avons lâché dedans. Petit Ferdinand a commencé peu à peu à revivre. Le Bêta a mis sa tétine dans le verre pour que le poisson se console de la perte de son bocal.

– Ne pleure pas, Petit Ferdinand, lui a-t-il dit en caressant le verre. Il n'est rien arrivé au plongeur.

Comme tu le vois, c'est un enfant, d'habitude sans scrupules, qui a soudain des accès de sentiment.

C'était vrai, il n'était rien arrivé au plongeur. Il était par terre, au milieu des bouts de verre, mais comme c'était un plongeur en plastique, il ne souffrait d'aucune blessure grave. J'ai passé une demi-heure à ramasser les débris de verre. Le Bêta était assis sur la chaise et parlait avec moi et Petit Ferdinand. Il me disait pendant que je balayais :

– Manolito a laissé du verre sous le pied.

– Eh bien, tu te lèves et tu le ramasses, mon garçon.

Soudain je me suis rendu compte que les bouts de verre étaient allés jusque dans le coin où Bonie mâchouillait sa viande sanguinolente. Je me suis approché plein de bonnes intentions, essayant de lui expliquer le danger qu'elle courait :

– Bonie, si tu avales un bout de verre, tu peux mourir de perforation de l'intestin.

Mais, en me voyant m'approcher, elle a fait : « Grrrrrrrrrrrr ! ».

Une fois de plus, le Bêta a trouvé la solution : il a ouvert le frigo de Louisa et a sorti un autre morceau de viande. Il l'a pris avec la main et le lui a montré :

– Bonie, fifille… Bonie, fifille.

Elle a lâché son vieux morceau et a commencé à se pourlécher les babines en regardant le nouveau. Le Bêta a alors lancé le morceau de viande, mais cette fois vers le salon. Bonie est partie comme une flèche. Nous sommes allés voir tous les deux où il était tombé : sur le sofa. Bonie est entrée en extase. Elle s'est roulée sur les coussins avec le morceau de viande entre les dents. On aurait dit un tigre. Nous avons fermé la porte de la cuisine, et nous l'avons laissée se délecter de son bout de viande.

Je transpirais des lunettes à force de balayer dans tous les sens et à cause de tous ces problèmes. Quand tu marchais, le sol faisait crac ! crac ! mais je n'allais pas non plus passer ma vie à nettoyer la maison de Louisa. Je n'étais pas son petit serviteur.

Nous nous sommes demandé où nous pourrions mettre Petit Ferdinand, maintenant que sa maison était cassée en mille morceaux. Nous avons fouillé dans les armoires de Louisa : dans une bouteille ? dans un Tupperware ? dans la casserole de lait ? Nous voulions trouver un lieu où Petit Ferdinand, l'inexpressif, soit enfin heureux. Nous l'avons trouvé : la

Cocotte-Minute. C'était une grande maison, il y serait, comme dirait ma mère, à son aise. Nous avons versé de l'eau dans la cocotte. Le Bêta a mesuré la température avec sa tétine.

– Parfait.

Dès qu'il a donné son accord pour la température, nous avons rempli la cocotte avec de l'eau un peu chaude pour que Petit Ferdinand puisse vivre enfin comme un poisson tropical, et nous lui avons mis le plongeur, le rocher et le trésor (donné par la fondation Manolito). Lorsque son foyer a été fin prêt, nous avons lâché Petit Ferdinand à l'intérieur. La Cocotte-Minute avait un problème : elle n'était pas transparente, et il semblait nager en pleine obscurité dans le fond sous-marin de la mer. Nous avons arrangé ça : nous avons pris une lampe de poche de Barnabé et nous l'avons attachée à une des poignées de la cocotte pour qu'elle allume le fond. D'autre part, la cocotte avait quelque chose de très bien : quand l'eau de Petit Ferdinand deviendrait froide, il n'y aurait pas besoin de la changer, il suffirait de la mettre un peu sur le feu et l'affaire serait réglée. Seulement un petit peu, bien sûr car, si tu la mettais trop longtemps, tu ferais un bouillon de Petit Ferdinand, et ça ne serait pas cool car, même s'il ne communique pas beaucoup, c'est un animal attachant. Nous avons fait un panneau, au cas où, avec écrit dessus : « Quand tu chauffes l'eau de Petit Ferdinand, fais bien attention, bien attention. Signé : les Barnabés. »

Après avoir terminé, nous avons entendu la clé dans la porte : à l'odeur de laque qui a soudain inondé l'appartement, nous avons su que Louisa était rentrée de chez le coiffeur.

LOUISA NE NOUS AIME PAS

Ni moi ni le Bêta ne pourrons jamais oublier ce qui s'est passé lorsque Louisa est rentrée chez elle, car nous sommes passés des enfants que Louisa aurait toujours voulu avoir à ces monstres dont elle voulait se débarrasser mais tout de suite !

Je commence par le début : moi et le Bêta avions compris que Louisa était arrivée à cause du bruit des clés et aussi parce que l'odeur de laque, que se mettent les femmes de Carabanchel, traverse le bois des portes et les briques des murs. C'est un phénomène paranormal qui, un jour, arrivera aux oreilles d'un producteur d'Hollywood, et il fera une superproduction sur cette laque qui, lorsque tu la sens, tu tombes par terre. Moi et mon frère étions encore à la cuisine, avec Petit Ferdinand nageant dans son nouveau foyer (la cocotte tropicale), quand nous sommes devenus tout raides en respirant la laque, et encore plus raides en entendant soudain ces cris :

– Nom de Dieu, Bonie, on peut savoir ce que tu fais à te rouler avec un steak sur le sofa ? Depuis quand fais-tu ça, Bonie, dis-moi ?

Les cris de Louisa étaient tellement désespérés que ni moi ni le Bêta n'osions ouvrir la porte. Elle a crié :

– Donne-moi ce steak immédiatement !

Après un silence, Louisa a de nouveau crié :

– Tu me donnes ce steak ou j'enlève ma chaussure et je te tape sur le museau !

Un autre silence.

– J'ai enlevé ma chaussure, Bonie ! Je compte jusqu'à trois : un, deux, trois !

La chienne s'est mise à gronder et Louisa à crier plus fort :

– Mais c'est qu'elle a essayé de me mordre, moi qui suis presque une mère pour elle ! Voyons voir comment tout ça va se terminer ! Les enfants !

Ne me demande pas pourquoi mais, en entendant les mots « les enfants », le Bêta et moi, nous nous sommes serrés dans nos bras. Il y a des moments où nous nous sentons très unis.

– Les enfants ! Où êtes-vous ?

Le Bêta a ouvert très lentement la porte et a passé la tête.

–Ici, a-t-il dit.

– Eh bien, sortez tout de suite et qu'on m'explique qui a donné ce steak à cette chienne.

Nous sommes sortis et nous avons vu Louisa avec la chaussure à la main et l'odeur de laque autour de la tête. C'était difficile de dire laquelle des deux armes était la plus mortelle.

– Bébé a donné le steak à Bonie, a dit le Bêta. Il l'a donné parce qu'il l'aime.

Louisa et moi, nous avons regardé le Bêta comme si c'était un enfant échappé d'un de ces films qui passent, en ce moment, pour les enfants de mon quartier.

– Chéri, a dit Louisa en recommençant à sourire mais toujours avec la chaussure à la main, ce steak était pour nous.

Le sourire était adressé au Bêta, car soudain elle m'a regardé et elle est redevenue terrifiante.

– Les cheveux, qu'est-ce qui est arrivé avec les cheveux ? m'a-t-elle demandé en poussant des cris.

Et comme elle criait tellement, je lui ai répondu mort de peur et très sincèrement :

– Ils sentent très mauvais, depuis que tu es entrée nous sommes un peu écœurés.

– Je ne parle pas de mes cheveux, a-t-elle crié, je parle des tiens !

– Les miens ?

J'ai posé ma main sur ma tête et je me suis rappelé que j'avais encore la perruque de Barnabé.

– Ah oui, je l'ai mise pour jouer à faire comme si nous étions des vétérinaires.

– Et bébé, a ajouté le Bêta, l'a mise aussi, mais maintenant elle est dans la cage de Tutto.

– La perruque… dans la cage de Tutto ? a répété Louisa, avec des yeux qui ressemblaient à ceux de Bonie (hors des orbites).

Louisa a regardé dans la cage pour en être sûre.

– Mon Dieu, mais c'est pourtant vrai !

– Bébé l'avait sur la tête, a expliqué le Bêta, mais Tutto est monté sur le tableau pour que Bonie ne le mange pas. Bébé a jeté le steak à Bonie et, après, a chassé Tutto avec la perruque.

Le Bêta était supercontent, comme si on allait lui remettre une décoration, mais Louisa ne disait ni c'était bien ni c'était mal ; elle ne disait rien. Sa bouche était tellement ouverte qu'on voyait le plombage de plusieurs molaires.

– Comme l'eau de Petit Ferdinand était froide, nous l'avons changée.

– Petit Ferdinand..., a dit Louisa en cherchant dans le salon. Où est Petit Ferdinand ?

– Dans la Cocotte-Minute, a répondu le Bêta. Comme ça, tu peux réchauffer l'eau.

Louisa a remis sa chaussure et a couru vers la cuisine. Ses talons faisaient crac ! crac ! sur le sol.

– Et le bocal... ? a-t-elle dit presque en pleurant.

– Ici, a dit le Bêta en montrant la poubelle.

– Mon Dieu, c'est pas vrai, a-t-elle ajouté en avalant cette fois sa salive. Elle a regardé dans la cocotte.

Le Bêta a allumé la lampe de poche.

– C'est pas super top ? a-t-il demandé à Louisa. C'est la cocotte sous-marine de Petit Ferdinand.

– Il est vivant, a-t-elle dit comme si elle n'y croyait pas, je... je me sens mal.

C'est à ce moment-là que le Bêta lui a sorti :

– Louisa se sent mal à cause de la laque.

Il y a des fois, c'est vrai, où je ne sais pas s'il a un grand cœur ou un culot énorme.

– La laque, à cause de la laque ? a-t-elle encore crié. Vous mettez la perruque dans la cage, Petit Ferdinand dans la cocotte, vous jetez à Bonie des steaks sur le sofa et, en plus de ça, vous dites que je me sens mal à cause de la laque. Disparaissez de ma vue ! Je vous fais les deux steaks qui restent et je vous emmène à l'hôpital, que votre mère s'occupe de vous.

Moi et le Bêta, nous nous sommes assis sur les chaises de la cuisine et avons regardé par terre, comme deux enfants qui regrettent. Moi oui, je regrettais ; quant au Bêta, je suis sûr qu'il se la jouait. Louisa a ouvert le frigo et a dit :

– Mais il ne reste plus qu'un steak.

– Oui, a répondu le Bêta. Celui de Louisa je l'ai jeté à Bonie sur le sofa, celui de Manolito, je l'ai jeté par terre dans la cuisine, et celui qui reste c'est à bébé.

– Petit malin ! ai-je dit.

– Mais bébé donne la moitié à Manolito.

Comme je te l'ai dit, je ne sais pas s'il a un grand cœur ou un culot énorme.

LOUISA NOUS FAIT LA MORALE

Nous avons mangé, moi et le Bêta, le seul steak qui restait dans le frigo, et nous avons dû supporter Bonie en train de pleurnicher à côté de nous, car c'est le genre de chienne, tu lui donnes deux steaks et elle croit que tous les steaks du frigo sont pour elle.

– Non mais, vous avez vu ce que vous avez fait ? a dit Louisa, debout, en nous regardant manger le steak. Cette chienne, elle qui est si polie, si sympathique, si tendre, vous avez réussi à en faire un…

Louisa a regardé Bonie quelques instants comme si elle cherchait le mot.

– Un prédateur.

Bonie pleurait et pleurait en nous regardant mâcher.

– Regardez dans quel état le canari a mis cette perruque, a-t-elle dit, en nous la mettant sous le nez.

– Il a chié, a dit le Bêta.

– Exactement, a dit Louisa, il a chié, mais il n'a pas chié exprès, tout seul, dans la perruque, il a chié dans la perruque de Barnabé parce que vous l'avez mise dans sa cage.

– Pour le chasser, a expliqué le Bêta.

– Pour ce que vous voulez, ça m'est égal. Depuis

quand range-t-on une perruque dans une cage ? Et Petit Ferdinand, pourquoi l'avez-vous laissé dans la Cocotte-Minute ? Mon petit ange…

Louisa a regardé nager Petit Ferdinand dans la cocotte et a allumé la lampe de poche.

– Je dois lui allumer la lumière, sinon je ne le vois pas.

– Ben évidemment, a répondu le Bêta, l'air de dire : « C'est pour ça que nous avons mis la lumière. »

– Cet après-midi, je t'achète un bocal, Petit Ferdinand, a dit Louisa au poisson, puis elle nous a jeté des regards pleins de haine. Quelle équipe ! Je leur achète à chacun un costume, des chaussures, je leur donne à manger, je les accueille chez moi comme deux fils, mieux que deux fils ! Car je me suis mieux occupée de vous que votre mère, et voilà comment vous me récompensez. Vous perturbez mes animaux, vous fouillez dans mes armoires, vous inondez la salle de bains de mousse, vous mettez les perruques de Barnabé, vous cassez le bocal de mon Petit Ferdinand… En vérité, je commence à croire que, si c'est pour avoir des enfants comme vous, mieux vaut s'abstenir. Je suis bien tranquille comme ça. Allez, finissez et habillez-vous car je vous emmène tout de suite à l'hôpital et je vous laisse là-bas. J'ai comme l'impression aussi que je vais dire deux mots à votre mère sur votre façon de vous comporter.

Nous avons fait le voyage à l'hôpital dans la voiture de Louisa, quasi muets, en l'écoutant nous faire la morale. Elle nous faisait la morale tout en grillant les feux, ou en donnant de tels coups d'accélérateur que plusieurs fois notre moitié de steak nous est remontée à la gorge. Nous nous rendions bien compte que les voitures klaxonnaient autour de nous, car Louisa faisait des choses horribles (elle les fait toujours). Par moments, elle passait la main au-dessus de la vitre et disait :

– Ferme-la, animal ! Tu ne vois pas que j'ai ici deux gosses qui vont voir leur grand-père qui vient de se faire opérer à l'hôpital ?

Puis, après avoir dit aux automobilistes d'autres expressions que je ne peux pas écrire ici parce que, sinon, des centaines de parents enverraient une lettre au directeur pour qu'on m'emmène immédiatement, les menottes aux poignets, devant le juge pour enfants, après tous ces mots dont je ne me souviendrai pas, Louisa a continué à nous parler de toutes les choses qu'elle avait faites pour nous depuis le jour de notre naissance et que ni ma mère ni nous ne l'avions jamais remerciée.

Elle s'est garée juste en face de la porte de l'hôpital. Un infirmier est sorti et lui a dit :

– Madame, je vous en prie, vous êtes devant l'entrée des urgences.

Louisa a répondu à l'infirmier que ça ne durerait pas plus de cinq petites minutes, le temps de nous laisser à notre mère, que c'était à son tour de nous supporter, et que c'était aussi une urgence.

Nous avons pensé qu'elle disait la vérité, qu'elle allait nous laisser devant la porte de l'hôpital et tchao bye bye, car nous croyons toujours ce que nous disent les grandes personnes, bien que nous sachions que nous ne devons pas faire trop confiance à celles qui vivent autour de nous. Mais une fois de plus nous nous sommes trompés : Louisa est entrée dans l'ascenseur avec nous, et pendant la montée jusqu'au septième étage, elle a arrangé nos habits, nos cheveux et a peigné nos sourcils avec un peu de salive qu'elle avait étalée sur ses doigts. Quand nous sommes arrivés au septième, elle est venue avec nous jusqu'à la chambre. C'était donc vrai, elle allait tout raconter à ma mère. Les mêmes grands-pères (ou d'autres qui leur ressemblaient) marchaient dans les couloirs en chemise de nuit avec leurs sacs remplis de liquide jaune. Le Bêta s'est planté devant la porte et a dit à Louisa :

– Louisa s'en va.

– C'est cela, oui, a-t-elle répondu.

– Louisa s'en va avec sa voiture, car Louisa l'a dit à l'infirmier.

Le Bêta la poussait vers l'ascenseur. Mais elle lui a dit non pas question, que ça lui était bien égal ce que pouvait dire un infirmier, que ce n'était pas à un infirmier de lui dire où elle devait garer sa voiture, que la police ou la fourrière pouvait venir, elle resterait quand même à l'hôpital car c'est pour ça qu'elle avait fait le voyage et qu'elle avait été chez le coiffeur.

Nous sommes entrés dans la chambre. Le monsieur malade dans le lit à côté de mon grand-père a dit :

– Oh, non, mon Dieu, pas les petits-enfants.

Mon grand-père dormait et ma mère était nulle part.

Louisa s'est assise. Nous avons pris la boîte de chocolats que nous avions apportée à mon grand-père, nous l'avons ouverte et nous avons commencé à manger car, comme disent les grosses infirmières, il vaut mieux ne rien donner aux grands-pères qui viennent d'être opérés. Le monsieur d'à côté nous regardait l'air de dire : « Donnez-m'en un, donnez-m'en un », mais nous ne lui en avons pas donné car les chocolats étaient pour mon grand-père, qu'est-ce qu'il croyait ?

Le Bêta a grimpé sur le lit et s'est allongé à côté de mon grand-père. Ex-Superprostate s'est réveillé en sursaut, certainement parce que le Bêta s'était appuyé contre sa blessure.

– Je savais que c'était vous, a-t-il dit avec la bouche pâteuse.

– Bébé et Manolito ont donné deux steaks à Bonie, qui est devenue un prédateur, Tutto a chié dans la perruque et Petit Ferdinand est dans une cocotte, mais nous avons été très sages.

– Vous êtes tout beaux, a dit mon grand-père.

– Parce que je leur ai acheté un costume, a dit Louisa. Où est Catalina ?

– Elle arrive, elle doit être à la cafétéria.

– Je vais aller la chercher.

Quand Louisa a dit : « Je vais aller la chercher », nous nous sommes mis à trembler : elle allait tout raconter dans notre dos.

– N'y va pas, Louisa, elle n'est pas à la cafétéria. Elle est partie.

– Où ça ?

– Eh bien… euh, faire des courses.

– Quel toupet ! Elle me refile ses enfants, elle laisse le grand-père à l'hôpital, et elle, elle s'en va faire des courses. Ce monde est déshumanisé. Moi, vraiment, je ne sais pas comment je peux être amie avec cette famille.

Le monsieur malade du lit d'à côté a dit qu'il était d'accord, que lui, pour le peu qu'il nous connaissait, il en avait déjà plus que marre. Et, après avoir dit ça, il nous a demandé un chocolat.

MOI ET LE BÊTA

Au monsieur malade, voisin de mon grand-père, nous avons donné trois chocolats : les trois de la boîte qui étaient remplis d'une pâte répugnante. Nous, nous n'aimons que ceux qui ont du chocolat à l'extérieur et encore plus de chocolat à l'intérieur. Aussi, le Bêta les a tous mordus sur un côté et a pris ceux qui avaient de la pâte et les a donnés au monsieur malade.

– Mais… ils sont mordus ! a dit le monsieur malade qui, en plus qu'on lui donnait trois chocolats de mon grand-père, se plaignait.

– Évidemment, a répondu le Bêta, c'est bébé qui les a choisis.

– Ah bon, merci, a répondu le monsieur.

– C'est pas qu'ils aient un mauvais fond, a dit Louisa en parlant de nous, le problème c'est qu'ils sont très mal élevés.

– Ma belle, lui a dit sans raison le Bêta.

C'est son genre de réplique. Dans les pires moments, où la seule chose qui me vient à l'esprit c'est de me taire, quand on parle mal de nous et que tout le monde nous repousse, alors le Bêta arrive et sort un truc comme ça à la personne qui nous hait.

– Ma belle, a-t-il répété au cas où Louisa ne l'aurait pas entendu.

Elle a commencé à changer de tête, et a dit :

– Bon, remarquez, ce n'est pas de leur faute s'ils sont mal éduqués, c'est la faute de leur mère qui, comme vous le voyez, se défile à la première occasion.

– Ma belle, a répété le Bêta pour la troisième fois.

Louisa avait du mal à se retenir de sourire.

– Il faut dire qu'ils m'aiment beaucoup, a-t-elle expliqué au monsieur malade, car c'est moi, pratiquement, qui les ai élevés…

Louisa a mis la main dans son sac et en a sorti des pièces.

– Descendez à la boutique de l'entrée et achetez le journal pour votre grand-père et achetez-vous des chewing-gums.

Devant mon grand-père, Louisa a continué à parler mal de ma mère au monsieur malade. Mon grand-père ne s'est pas fâché, et nous non plus car, à la moindre occasion, ma mère et Louisa se traitent par-derrière de tous les noms. Ce que je comprends, car il m'arrive la même chose avec Grandes Oreilles. J'adore parler mal de lui, c'est normal, c'est mon meilleur ami et je connais tous ses défauts.

Moi et le Bêta, nous sommes descendus par l'ascenseur des brancards parce que ça nous semblait plus palpitant. Deux brancardiers transportaient une femme avec un ventre monstrueux. La femme disait :

– Aïe ! aïe !

Alors le Bêta s'est hissé sur la pointe des pieds et a dit à la dame :

– Ne pleure pas, ils t'enlèvent la prostate et tu ne pleures plus. Ils ont enlevé la prostate au grand-père de bébé et, maintenant, il ne pleure plus.

Les brancardiers nous ont dit de ne jamais reprendre cet ascenseur de notre vie, puis les portes se sont ouvertes et ils ont emporté la dame qui continuait à dire : « Aïe ! aïe ! » J'ai voulu raconter au Bêta la vérité de la vie, la reproduction humaine et tout le bazar, car depuis trois ans que je l'apprends je commence à connaître, surtout la reproduction des ruminants que j'ai apprise cette année, mais le Bêta s'est mis à chanter en mettant ses doigts dans les oreilles. C'est une habitude qu'il a prise dernièrement quand il ne veut pas écouter, et puis ça se voit que la vérité de la vie est un sujet dont il se fiche pas mal, car pour lui toutes les personnes qui vont au dispensaire, chez le docteur Morales, c'est parce qu'elles ont le nez qui coule, et toutes celles qui vont à l'hôpital, c'est à cause de leur prostate, un point c'est tout. Quand je lui ai dit que cette dame avait un gros ventre parce que, dedans, il y avait un bébé, il s'est mis à rire et m'a répondu :

– Un bébé, c'est trop marrant !

Et il s'est roulé par terre à l'entrée de l'hôpital tellement il était plié de rire.

J'ai voulu lui expliquer que les enfants naissaient parce que les parents s'aimaient beaucoup et qu'ils se serraient l'un contre l'autre, et l'histoire de la petite graine du papa qui grandit dans le petit ventre de maman, mais le Bêta s'est bouché les oreilles et s'est mis à chanter une chanson qu'il chante dernièrement à tue-tête avec ma mère dans la cuisine : « Cette vie de fou, fou, fou, de folle réalité, qui est devenue folle, folle, folle… »

Les gens le regardaient chanter, assis par terre, cette chanson bizarre, avec les doigts dans les oreilles. Il y a des moments où tu as vraiment honte d'avoir un frère comme ça. Je lui ai débouché de force une oreille et je lui ai dit :

– Je ne te raconterai plus rien sur la reproduction humaine si tu te tais tout de suite !

Il s'est tu et nous sommes allés au kiosque à journaux. Louisa nous avait donné juste assez pour les chewing-gums et le journal, mais le Bêta voulait manger à tout prix un Kit-Kat. Il a ouvert la main et a montré les pièces au vendeur.

– Bébé a seulement ça et veut un Kit-Kat.

– Eh désolé, bonhomme, lui a dit le vendeur, mais je ne peux pas te le donner avec cet argent.

Le Bêta qui, comme je te l'ai dit au chapitre précédent, a un culot énorme, a alors dit à une dame en train d'acheter une revue :

– Tu achètes un Kit-Kat à bébé ?

La dame a dit que les hôpitaux étaient pleins de mendiants, qu'elle venait de donner une pièce à un pauvre à l'entrée, et une autre à un type qui vendait *Le Réverbère*, et qu'il ne manquait plus qu'un enfant lui demande de l'argent pour ses vices personnels. J'ai essayé de faire comprendre au Bêta que nous allions acheter des chewing-gums et qu'il oublie une fois pour toutes les barres de chocolat, après tout, nous venions de manger une boîte entière de chocolats. Mais le Bêta est un enfant qui ne s'avoue jamais vaincu. Il a demandé au monsieur du kiosque un stylo et une feuille. Le monsieur a fait une tête comme s'il en avait marre de nous, et a dit :

– Je vous les donne à condition que vous me fichiez la paix et que je ne vous revoie plus ici.

Je n'arrêtais pas de me demander pourquoi le Bêta voulait une feuille et un stylo. J'ai tout de suite compris. Il m'a pris par la main et m'a entraîné vers l'entrée de l'hôpital. Nous sommes sortis dehors. Il y avait l'homme qui vendait *Le Réverbère* et une femme qui mendiait avec un bébé dans les bras. Comme s'il était mon chef, le Bêta m'a ordonné :

– Écris.

– Écris, toi, lui ai-je répondu, car j'en avais marre que mon petit frère me donne toujours des ordres.

– Bébé ne sait pas.

Il ne sait pas la vérité de la vie, il ne sait pas lire, il ne sait pas écrire… La seule chose qu'il sait, c'est commander.

– Écris, a-t-il répété.

En fait, le Bêta voulait que je fasse un écriteau pour que nous puissions faire l'aumône devant la porte de l'hôpital. D'une façon ou d'une autre, il fallait qu'il trouve de l'argent pour ses barres de chocolat. Après avoir beaucoup réfléchi, voilà l'écriteau que nous avons inventé :

« Nous sommes deux frères de Carabanchel. Notre grand-père n'a plus de prostate et notre mère est partie. Nous avons faim et voulons goûter, Louisa (notre voisine) ne nous donne rien.

Signé : moi et le Bêta. »

Après avoir terminé notre pancarte, nous nous sommes assis et nous avons attendu.

LE BÊTA RESTE SANS VOIX

Nous étions assis, Moi et le Bêta, près de la porte principale de l'hôpital avec notre écriteau pour demander de l'argent aux gens en général. Nous étions juste à côté d'un type qui mendiait aussi mais avec un panneau beaucoup plus imposant que le nôtre. L'homme racontait sur sa pancarte qu'il avait trois enfants et une femme malade et qu'il ne pouvait pas rentrer chez lui sans rapporter à manger à ses trois enfants et à sa femme malade. L'homme s'est mis à lire notre écriteau, où nous racontions que nous avions un grand-père à qui on avait tranché la prostate, une mère qui disparaissait jusqu'à la fermeture des magasins et une voisine qui ne pouvait plus nous supporter, puis il nous a regardés, nous qui, souviens-toi, étions habillés en bleu BCBG, pour que mon grand-père et ma mère se sentent fiers de nous devant les malades et le personnel de l'hôpital (c'est ce qu'avait dit Louisa). Bref, l'homme nous a regardés et a dit :

– Qu'est-ce que vous faites là ?

Il nous a ordonné d'aller de l'autre côté de la porte, car nous faisions concurrence à sa clientèle et les gens risquaient de croire que nous étions des rigolos. J'ai eu du mal à convaincre mon frère qu'il change d'endroit car il n'avait pas envie d'être viré par cet homme. Nous avions aussi un problème assez grave, nous ne savions pas où les gens pourraient nous jeter des pièces. Normalement, les mendiants ont une casquette ou un carton ou une petite assiette pour que les pièces des gens fassent du bruit quand elles tombent, car les gens aiment bien que leur argent fasse beaucoup de bruit et que tout le monde s'en rende compte. Enfin, je dis ça pour moi : chaque fois que mon grand-père ou ma mère m'ont donné une pièce pour que je la jette à un mendiant ou à un musicien mendiant, j'ai toujours voulu qu'elle fasse du bruit et que les gens se retournent pour admirer quel bon cœur j'avais. Le Bêta a trouvé la solution : il a enlevé une de ses chaussettes et l'a laissée comme ça, avec la partie du haut ouverte. Encore heureux que nous soyons à l'air libre car une seule des chaussettes du Bêta peut parfumer en cinq petites minutes une maison entière, et si un jour le maire m'en donne l'autorisation, je parierai avec n'importe qui qu'une chaussette du Bêta peut vider, en moins de dix minutes, des lieux comme l'opéra Garnier ou le musée du Louvre. Mais à l'air libre, c'était supportable car les odeurs s'envolent.

Nous avons tous les deux pensé que ça aurait été supercool d'avoir Bonie avec nous pour la mettre à côté de la chaussette, car le monsieur mendiant avait une chienne à côté de sa petite assiette et ça faisait bien. Évidemment, tu mets Bonie à côté d'une chaussette du Bêta, et la première chose qu'elle fait c'est de fourrer son museau dans la chaussette pour se droguer avec l'odeur. Chaque fois que Bonie fait ça chez moi, Louisa lui nettoie le museau avec de l'eau pour qu'il ne sente pas les pieds car, comme dit Louisa, sur une chienne ça fait très mauvais effet. Pour que Bonie reste tranquillement à côté de la chaussette sans qu'elle se mette à la sucer, nous aurions dû lui apporter un steak mais, évidemment, des enfants mendiants habillés en bleu-BCBG, avec une chienne à côté dévorant un steak, et qui disent qu'ils ont faim, eh bien ça indigne les gens, et les gens s'arrêtent devant ces enfants et leur crient :

– Si vous avez si faim que ça, prenez donc le steak de la chienne et que votre mère ou votre voisine le fasse cuire !

Quelquefois, les gens ont raison. C'était mieux sans Bonie.

Une dame qui allait à l'hôpital s'est approchée de nous et nous a regardés en ouvrant très grands les yeux. Moi et le Bêta nous avons fait une tête triste, mais en voyant la dame éclater de rire, nous nous sommes mis à rire avec elle. Elle nous a demandé ce que nous voulions manger, et nous lui avons répondu que nous voulions manger un Kit-Kat (pour parler concrètement). La dame m'a dit de la suivre, nous sommes allés au kiosque et elle m'a acheté une barre de chocolat. Je l'ai remerciée, et la dame m'a dit :

– Maintenant, arrêtez de mendier et montez voir votre grand-père.

J'allais le faire mais, quand je suis sorti pour appeler le Bêta, j'ai vu trois dames qui s'étaient arrêtées devant l'écriteau. Elles riaient tout en lisant et elles demandaient au Bêta où était ma mère, mais lui il haussait les épaules comme s'il n'en savait rien. Il faisait le muet, un truc qu'il aime bien faire en ce moment, et comme les dames ne se décidaient pas à lui donner de l'argent, le Bêta s'est levé et leur a tendu la chaussette. En sentant près de leur nez la pestilence de l'O.C. (odeur corporelle), elles ont crié en chœur :

– Mon Dieu !

Le Bêta a alors éclaté de rire. Les trois dames sont entrées dans l'hôpital et ont acheté deux Kit-Kat à cet enfant muet si marrant. Nous en avions trois. Lorsqu'elles ont vu que je m'asseyais à côté de lui, elles m'ont demandé :

– C'est ton petit frère ?

– Oui.

– Quand est-ce qu'il est devenu muet ?

– Il y a cinq minutes.

Les dames sont parties, un peu déçues que le Bêta ne soit pas un vrai enfant muet. Tout de suite après, un vigile de l'hôpital est arrivé, avec des muscles aux bras à te faire peur.

– Eh, les enfants, assez rigolé. Il est interdit de mendier devant la porte de l'hôpital.

Ce vigile faisait tellement peur que j'ai eu envie de tendre les deux mains pour qu'on me mette les menottes. Le Bêta, lui, restait assis comme si de rien n'était.

– Vous n'entendez pas quand je vous parle ?

– Allez viens, ai-je dit au Bêta. Lève-toi.

– Avec qui êtes-vous venus à l'hôpital ?

– Avec Louisa, ai-je répondu. Mon grand-père aussi est là, à l'étage des gens qui n'ont plus de prostate.

– Eh bien, maintenant, déguerpissez.

– C'est ça, qu'ils s'en aillent ! a dit l'homme mendiant.

Le Bêta, qui était toujours aussi muet, a tiré la langue à l'homme mendiant.

– Et votre mère ? nous a demandé le garde.

Je n'ai pas eu besoin de répondre car, derrière le vigile, nous avons aperçu une femme qui nous rappelait quelque chose, une femme chargée de sacs, de sacs et de sacs de magasins, de magasins et de magasins. C'était notre mère. Elle était de retour. Après avoir lu notre panneau, elle a dit :

– Mes chéris ! et elle a ouvert les bras sans lâcher ses sacs.

Le Bêta s'est jeté dans ses bras et je suis resté debout à les regarder, à côté du vigile.

– Depuis combien de temps, vous ne l'avez pas vue ? m'a-t-il demandé.

– Depuis hier, lui ai-je répondu.

– Ah.

Le Bêta et ma mère se donnaient des bisous qui faisaient un bruit de ventouse, et ça m'a tellement énervé que je suis parti vers l'homme mendiant et je lui ai donné les trois Kit-Kat.

– Tenez, pour vos trois enfants.

J'avais fait une bonne action qui a fait enrager le Bêta. C'est ce qu'on appelle faire d'une pierre deux coups.

LE MÉCHANT ET L'ANDOUILLE

Le vigile a dit à ma mère que la mendicité enfantine n'était pas autorisée pendant que les mères faisaient leurs courses.

– Parfaitement, parfaitement, a dit le mendiant d'à côté, qui était en train de manger à toute vitesse les Kit-Kat que je lui avais offerts pour ses enfants affamés.

Le Bêta s'est mis à pleurer en voyant les barres de chocolat dans la bouche de ce mendiant, et ma mère est devenue toute rouge devant le garde.

En allant vers la chambre de mon grand-père, elle nous a demandé de quel droit nous la faisions rougir devant les gardes, si nous n'avions pas honte de mendier dans la rue, que c'était la honte pour les García, la honte pour les Moreno. Je ne l'écoutais pas vraiment car, lorsque le Bêta pleure, c'est impossible de comprendre quoi que ce soit.

– Et celui-là, pourquoi il pleure ? m'a-t-elle demandé à moi, car le Bêta continuait à faire le muet.

– Parce que j'ai donné les chocolats au mendiant.

Quand j'ai dit ça, le Bêta s'est mis à pleurer encore plus fort, comme pour montrer que c'était pour ça.

– Quels chocolats ? a dit ma mère.

– Ceux que nous avons achetés avec l'argent que nous avons demandé dans la rue.

Ma mère est restée la bouche ouverte sans savoir quoi dire car, d'un côté, elle ne peut pas résister à la tentation d'embrasser son Bêta chéri quand il pleure et, de l'autre, elle ne pouvait pas le consoler parce qu'elle venait de nous dire que ce n'était pas beau de demander de l'argent dans la rue. Elle a fait une tête de quelqu'un qui passe un des moments les plus durs de sa vie. Toujours est-il qu'elle m'a dit que moi, en tant que frère aîné, je devais être plus raisonnable et ne pas laisser mon frère, qui ne l'était pas du tout, mendier comme s'il était un enfant pauvre. Puis elle nous a dit que la pauvre Louisa était certainement très inquiète à cause de nous.

– Comment vous êtes-vous comportés avec elle ! a-t-elle ajouté. J'espère que tout s'est bien passé, parce que sinon vous allez voir.

Le Bêta pleurait toujours, mais c'était maintenant du vice. Il fait pareil à chaque fois : lorsqu'il pique une colère, les dix premières minutes il pleure vraiment, avec sincérité, puis, les dix autres, il fait juste le bruit, mais c'est un bruit sec qui est fait pour énerver.

L'heure de vérité était maintenant arrivée. Ma mère allait retrouver Louisa et, à elles deux, elles allaient nous traiter de tous les noms. Surtout moi, qui suis le plus raisonnable (et le plus coupable de tout). La file de grands-pères en chemise de nuit qui marchaient dans le couloir avec leur sac de liquide jaune ressemblait à une file de grands-pères travestis. Ils marchaient deux par deux, en parlant, et nous avons reconnu notre propre grand-père, qui s'était levé et était le dernier de la file, car il était le dernier à qui on avait enlevé la prostate. Le grand-père qui était à côté de lui venait aussi d'être opéré, et tous les deux marchaient en parlant de leur prostate respective. Mon grand-père était très bizarre avec cette chemise de nuit, il avait des pattes toutes maigres par en dessous, très blanches et avec presque pas de poils. Quand elle s'épile, ma mère lui dit parfois :

– Papa, j'aimerais tant avoir les mêmes jambes que toi.

Mon grand-père, lui, dit qu'il a des pattes de vieux assorties à ses bras de poulet, qui sont aussi de vieux. Mais il n'avait vraiment pas de quoi se faire de complexes : toutes les pattes des grands-pères de la file et tous les bras étaient pareils. Moi et le Bêta, nous nous sommes jetés sur lui comme des fous et tous les grands-pères ont failli tomber par terre. Ce n'était pas un groupe de grands-pères, c'était un jeu de quilles. Aucun n'est tombé, mais certains se sont cognés les uns contre les autres. Mon grand-père nous aime beaucoup, mais il y a des moments où on voit sur sa tête qu'il en a un peu marre de nous.

– Catalina, sois gentille, pourquoi tu ne rentres pas avec eux à la maison ?

– C'est ça, c'est ça, qu'elle les emmène ! ont dit les quilles.

– Il faut toujours qu'ils se fassent remarquer devant

les gens. Où est la pauvre Louisa ? a demandé ma mère.

Mon grand-père a montré sa chambre, nous nous sommes approchés. A mesure que nous avancions, nous l'entendions parler. Elle parlait avec le camarade de chambre de mon grand-père, voici ce qu'elle disait :

– … et ils ont jeté un steak à la chienne, sur le sofa ils l'ont jeté. Vous croyez qu'ils auraient eu la délicatesse de le lui jeter dans un coin par terre… ?

Ma mère est restée paralysée en entendant ça. Elle nous a regardés avec un visage plein de haine et nous a fait un signe du doigt pour que nous ne fassions pas de bruit car elle voulait continuer à écouter derrière la porte. Voilà le genre d'exemple que ma mère nous donne.

– … ils ont sorti toutes les perruques de l'armoire…

– Ah, parce que vous portez une perruque ? lui a demandé le monsieur.

– Non, Dieu merci, ce sont celles de mon mari. Mais il en a fait faire une avec mes propres cheveux, car j'ai des cheveux très doux. Touchez-les, je vous en prie…

Nous ne l'avons pas vu, mais le monsieur les a touchés.

– C'est vrai qu'ils sont doux, vos cheveux. Quel dommage que je sois veuf. Si ça m'était arrivé avant, du temps où elle vivait encore…

– Quel bon souvenir pour un veuf, une perruque avec les cheveux de sa femme. Évidemment, il faut que le veuf soit chauve pour pouvoir l'apprécier.

– Je suis chauve.

– Je vous donnerais bien de mes cheveux pour votre perruque, mais ça ne me paraît pas très bien, car vous n'êtes pas mon mari, ni de ma famille ni rien.

– Bien sûr, bien sûr, je comprends.

– Nous n'avons qu'une chose en commun, nous en avons marre des enfants, a dit Louisa. Et leur mère qui ne vient toujours pas. Je vais vous dire une chose : les enfants quand ils naissent ne sont pas méchants, ils le deviennent avec le temps, avec ce qu'ils voient de leurs parents…

– Leur mère est méchante ?

– Méchante, non, car c'est une amie, mais le problème c'est qu'elle les a très mal élevés…

Ma mère ne nous regardait plus avec un visage de haine, elle avait un visage de furie, elle commençait à montrer les dents. Mais elle a continué d'écouter.

– … elle leur crie après, mais ils sont mal élevés. Surtout le petit.

Ce commentaire, je dois le dire, m'a plu. J'allais éclater de rire quand ma mère m'a donné une tape insonore, c'est la tape que te donne une mère lorsque tu es avec elle en train d'écouter derrière une porte ou que tu es à la messe ou au cinéma. Les tapes insonores se donnent habituellement dans les lieux publics.

– … celui qui a les mauvaises idées, c'est le petit, c'est lui le meneur…

Malgré la tape insonore, j'étais heureux.

– … le grand, celui avec les lunettes, comme sa mère l'appelle, c'est une andouille, je ne dis pas qu'il est bête mais c'est un enfant qui se laisse entraîner…

Andouille, Louisa avait dit andouille ? Alors ça, je n'aimais pas.

– ... qui fait ce que lui dit son frère. Et tout ça, à cause de qui ?

Tous les trois, nous avons collé l'oreille à la porte pour savoir à cause de qui, selon Louisa, il y avait un méchant et une andouille.

–Du père ? a demandé le monsieur.

–Le père, non, le père n'est jamais à la maison. C'est à cause de la mère.

A cet instant, ma mère a ouvert la porte de la chambre presque d'un coup de pied, comme font les policiers. Louisa s'est levée d'un bond, et ma mère a dit avec une fureur rentrée :

– Ça suffit, Louisa, si tu as quelque chose à me dire, dis-le-moi en face.

Ç'a été le moment de plus grande tension ambiante de ma vie.

Troisième partie

Les Mille et Une Nuits

LE PRIX DE L'AMITIÉ

Ma mère a traité Louisa de traîtresse. En toutes lettres : t-r-a-î-t-r-e-s-s-e. De peur, Louisa s'est jetée contre le mur, ce que je comprends car, quand ma mère se fâche, personne ne sait où se mettre. Le méchant et l'andouille, c'est-à-dire le Bêta et moi, nous sommes restés près de la porte au cas où elles en viendraient aux mains. Mon idée était que, si elles se tapaient dessus, nous devions prévenir les brancardiers pour qu'ils leur mettent des camisoles de force.

Ma mère a continué de crier, et elle a dit :

– Jamais je n'aurais cru que tu nous traiterais de tous les noms, moi et mes enfants, devant le premier venu !

Le monsieur malade du lit d'à côté de celui de mon grand-père a dit tout bas, comme s'il n'osait pas parler :

– Écoutez, écoutez, ne dites pas que je suis le premier venu, car je ne suis pas du tout le premier.

– Si monsieur, a continué ma mère en colère, vous êtes le premier venu et de la pire espèce ! Vous ne savez rien de ce que j'ai fait pour cette femme. Cette femme a été pour moi comme une sœur…

Ma mère ressemblait à une mère faisant un discours

dans un film. Les grands-pères se sont approchés avec leurs sacs de liquide pour voir ce que racontait cette femme indignée. Parmi les grands-pères, il y avait le mien.

– … qu'est-ce que je dis ? Plus qu'une sœur. Et mes enfants qui lui ont donné tout leur amour comme si c'était une deuxième mère. Je n'ai pas été généreuse peut-être ? Moi, qui lui ai laissé les enfants toute l'année dernière quand elle a passé son permis de conduire pour qu'elle les emmène dans la voiture comme deux petits cochons d'Inde, quand on sait la façon dont elle conduit, on dirait qu'elle a toute la route pour elle… Vous imaginez ? Vous croyez qu'une autre mère aurait fait pareil ?

Le monsieur a bougé la tête pour dire non. Il n'osait plus parler.

– … Mais elle ne voulait pas être seule dans la voiture, alors je lui ai dit : « Ne t'inquiète pas, Louisa, emmène mes enfants avec toi et advienne que pourra. » Cette femme, qui se plaint tant de nous, passe toutes ses journées chez moi car elle sait qu'elle sera toujours bien reçue, et il y a des fois où elle commande plus que moi. D'après mon mari, qui n'est jamais là parce qu'il est routier, elle commande toujours plus que moi. Cette femme que vous voyez devant vous me laisse ses clés tout le mois d'août pour que je surveille son appartement et que j'arrose ses plantes. Je m'occupe aussi presque tout le temps de sa chienne, du poisson Petit Ferdinand et d'un oiseau. Je lui demande de garder mes enfants un jour pour aller voir mon papa après son opération, et elle me dit oui, oui, pas de problème et, dès que j'ai le dos tourné, elle me plante un poignard... J'aimerais bien que quelqu'un me dise si c'est ça, l'amitié.

– Non ! ont répondu en chœur le groupe de vieux enchaînés à leur tube.

– C'est tout ce que je voulais dire, a terminé ma mère en s'essuyant deux larmes qui coulaient sur ses joues et en s'asseyant dans un fauteuil.

On aurait dit un procès dans un film.

Louisa avait le menton qui tremblait parce qu'elle était sur le point de pleurer, mais elle a répondu presque sans voix :

– Je... j'ai juste dit que les enfants avaient été un peu difficiles aujourd'hui, mais je suis très contente de les avoir eus. De plus, j'ai enfin compris maintenant pourquoi elle se met dans tous ses états à cause de ces deux-là. Est-ce que l'on peut appeler trahison une simple remarque faite pour se soulager ?

– Non ! a répété le chœur de vieux.

– J'ai seulement dit que ça me semblait étrange qu'elle parte faire des courses après m'avoir laissé ses enfants et que son papa venait d'être opéré de la prostate, a conclu Louisa.

– Oui, messieurs, c'est vrai, je suis partie faire des courses. Je ne peux pas dire le contraire. Et savez-vous pourquoi, savez-vous ce que j'ai acheté ?

– Non ! a répondu le chœur.

Ma mère a pris un des sacs et l'a levé afin que tout le monde le voie.

– A l'intérieur de ce sac, il y a un cadeau que j'ai acheté pour celle que je croyais être ma meilleure amie. Ce cadeau était le symbole de ma gratitude. Prends-le, Louisa, bien que tu ne sois plus mon amie, il est à toi.

Louisa a commencé à pleurer avec un hoquet comme je n'en avais jamais entendu. Nous avons tous été contaminés. Je pleurais, le Bêta pleurait et quelques vieux du chœur pleuraient aussi. Malgré le hoquet, Louisa a ouvert le sac : c'était une chemise de nuit rouge.

– Oooohhhh ! ont dit les vieux en chœur, car ils imaginaient Louisa dans cette chemise de nuit.

Moi et le Bêta, nous avons dit aussi :

– Ooooohhhhh ! car nous imaginions la même chose que les vieux.

– Qu'est-ce qu'elle est belle ! Excuse-moi, Catalina, excuse-moi ! a-t-elle dit en ouvrant les bras.

– Non, excuse-moi, toi, de t'avoir laissée seule avec mes enfants ! a dit ma mère en ouvrant elle aussi les bras.

– Laisse-les-moi quand tu veux, même s'ils détruisent ma maison… Le sourire d'un enfant n'est-il pas plus important ?

Cette fois, les vieux se sont embrouillés : les uns ont répondu : « Ouiiii ! », les autres ont répondu : « Nooooon ! », et certains ont fait comme s'ils n'avaient pas entendu la question.

Mais le plus important, c'est que ma mère et Louisa se sont serrées dans leurs bras. Et nous avons tous applaudi, même le monsieur malade du lit d'à côté. Ç'a été un moment très émouvant. Nous avions tous un nœud dans la gorge, mais nous avons dû l'avaler, car la gigantesque infirmière s'est frayé un passage, à coups de coudes, entre les vieux et a claqué plusieurs fois des mains au milieu de la chambre.

– Bon, qu'est-ce qui se passe ici ? Rentrez dans vos chambres, les autres à la maison, c'est l'heure du dîner !

Les vieux sont partis dans leur chambre et Louisa est allée se moucher aux toilettes. Ma mère continuait de pleurer, mais cette fois dans les bras de mon grand-père.

– Allez, c'est fini, ma chérie. Pourquoi pleurer, maintenant ?

– Parce que, parce que, parce que…, disait ma mère, avec plus de hoquets qu'avant.

Elle s'est approchée de l'oreille de mon grand-père pour que personne ne puisse l'entendre, mais moi et le Bêta nous nous sommes mis à côté car nous ne supportons pas de ne pas tout savoir, et voilà ce que nous avons entendu :

– Parce que… parce que… parce que cette chemise de nuit, papa, je l'avais achetée pour moi. Cela faisait tellement longtemps que je l'avais vue, avec ce rouge, qui plaît tant à Manolo (elle parlait de mon père). Mais, évidemment, je devais faire quelque chose pour que Louisa ne se fâche pas plus. Si tu savais ce qu'elle m'a coûté, papa… Ce que j'ai dû économiser…

Mon grand-père lui a fait deux bisous : un pour la

consoler et l'autre pour lui dire au revoir. Nous aussi nous avons dit au revoir à grand-père. Nous l'avons aidé à monter dans son lit.

Ce soir-là, le Bêta et moi sommes rentrés à Carabanchel dans la voiture de Louisa. Devant il y avait les deux amies réconciliées et nous derrière, qui savions tout : nous savions que, pendant que Louisa était très contente et remerciait mille fois ma mère pour la chemise de nuit, ma mère continuait de pleurer en dedans.

Ma mère avait aussi acheté un mixeur afin que moi et le Bêta nous mangions des fruits, ou du moins des jus car, comme dit ma mère, si l'Organisation mondiale de la santé nous surprenait en train de manger ce que nous mangeons, ils lui mettraient une amende pour nous avoir si mal nourris.

– Bébé veut le jus de chocolat, voilà ce qu'a dit le Bêta qui, comme tu l'auras compris, ne sait pas très bien ce qu'est un fruit.

– C'est ça, je vais te faire un jus de pain au chocolat, lui a dit ma mère.

J'ai tout de suite compris que c'était une blague maternelle, mais pas le Bêta, qui n'a toujours pas l'usage de la raison, et qui s'est mis à crier de joie. Ma mère l'a regardé avec inquiétude, et s'est dit tout haut :

– Je crois qu'il y a quelque chose que je ne fais pas bien avec ces enfants…

Puis elle a continué à parler à voix haute :

– Je ne sais pas pourquoi j'ai dépensé de l'argent pour ce truc… Ça va faire un appareil de plus à laver…

Elle avait encore d'autres choses qu'elle sortait de ses sacs. Elle avait acheté un appareil fabriqué en

France et qui s'appelle Fundi : tu râpes dedans du fromage avec des morceaux de viande et ça te fait une bouillie abominable.

– Et si nous mettions des saucisses à la place de la viande ? ai-je dit.

– Je ne sais pas non plus pourquoi j'ai acheté le Fundi, pour ce que vous aimez la cuisine française.

Puis des couteaux à oignons, qu'elle a tout de suite cachés parce qu'elle a dit qu'elle avait peur qu'un jour nous nous tuions en jouant, puis une brosse à dents électrique, qu'elle a dû aussi cacher, car moi et le Bêta nous nous sommes mis à nous battre parce que nous la voulions tous les deux, puis le premier tome de *Cuisine hindoue*, alors qu'elle savait combien nous aimions la cuisine hindoue, encore moins que la française, plus un robot épluche-pommes-de-terre.

– Tout ça pour la cuisine, a dit ma mère. Et pour moi, quoi ?

Elle disait ça comme si ça avait été une autre personne qui lui avait acheté ces appareils. Ma mère était un peu triste car la seule chose qu'elle s'était achetée pour elle depuis très longtemps, c'était cette chemise de nuit rouge, que Louisa était certainement en train d'essayer chez elle. J'ai imaginé Louisa marchant d'un bout à l'autre du salon devant Barnabé.

– Tu aurais pu lui offrir cet épluche-patates et garder pour toi la chemise de nuit, ai-je dit à ma mère.

Elle m'a regardé comme si au lieu de voir son fils de toujours (celui à lunettes), elle voyait un enfant d'une intelligence supérieure.

– Tu as raison, mon chéri. Je crois que je me suis trop précipitée.

Ce soir-là, nous avons mangé les saucisses sur le meuble-bar, car la table de la cuisine était occupée par tous les appareils que ma mère ne voudrait jamais utiliser pour ne pas avoir ensuite à les nettoyer (l'Organisation mondiale de la santé pouvait toujours causer).

L'heure est arrivée d'aller au lit, mais je traînassais car je ne voulais pas dormir sur la véranda sans mon grand-père.

– Allez, dépêche-toi, Manolito, m'a dit ma mère, je suis très fatiguée, et demain, vous devez aller à l'école. Vous ne pouvez pas manquer un autre jour.

– Mais alors le Bêta vient avec moi.

– Pas question. Si je vous laisse tous les deux tout seuls, vous ne dormirez pas avant une heure.

– S'il te plaît…

Ma mère a fait un geste pour dire que nous fassions ce que nous voulions. Nous nous sommes mis dans le lit, la lumière du salon s'est éteinte. C'est alors que, dans l'obscurité, le Bêta a dit :

– La maman de bébé est seule.

La maman de bébé est aussi ma maman, mais ça, le Bêta n'arrive pas à se le mettre dans le crâne. J'ai commencé à penser à elle. C'était vrai, ma mère était seule dans sa chambre, sans mon père et sans le Bêta à côté, dormant dans son gigantesque berceau. Il y a des moments où moi et le Bêta, nous nous comprenons sans nous parler, par une télépathie que nous avons tous les deux, même qu'un jour nous passerons dans un documentaire sur les frères paranormaux. Sans prononcer un seul mot, nous nous sommes levés du lit et nous sommes allés dans le couloir sur la pointe des pieds jusqu'à la chambre de ma mère. La porte était à moitié fermée et nous pouvions la voir dans l'embrasure : elle était debout devant la glace, avec son éternelle chemise de nuit rose. Elle se regardait d'un côté et se regardait de l'autre. J'ai pensé : « Elle est très belle. » Le Bêta a dit :

– La maman de bébé est très belle.

Il dit toujours avant moi ce que je pense. Ma mère s'est retournée et nous a vus en train de la regarder.

– Vous m'espionnez ? a-t-elle demandé sans se fâcher, mais en souriant. Venez ici avec moi.

Moi et le Bêta nous sommes jetés, en faisant la planche, sur le lit. Ma mère s'est mise entre nous deux et nous a serrés contre elle.

– La maman de bébé aura bientôt une chemise de nuit rouge comme celle de Louisa, a dit le Bêta.

– Ah oui ? a dit la maman de bébé.

– Oui, a répondu le Bêta sur un ton qui nous a pétrifiés.

– Et qui va me l'acheter ? Car la maman de bébé a déjà dépensé toutes ses économies, a dit ma mère.

– Manolito, a dit le Bêta.

Pas de doute, cet enfant était fou !

– Avec l'argent de sa tirelire. Il est riche, a dit le Bêta.

– Riche de combien ? a demandé ma mère en riant.

– J'ai deux euros, ai-je répondu.

– Allez, arrêtez de penser à l'argent. Après tout, qu'est-ce que ça peut faire ? Que Louisa en profite.

– Combien coûtait la chemise de nuit, maman ? l'ai-je interrogée.

– Beaucoup d'argent, beaucoup.

– Plus de dix euros ?

– Plus.

– Manolito et bébé te l'achèteront, a affirmé le Bêta, qui est terrible lorsqu'il se met quelque chose dans la tête.

– Très bien, a dit ma mère. Quand vous serez plus grands.

– Non, maintenant, a dit le Bêta.

Avant de nous endormir, ma mère nous a fait la morale sur la façon dont nous nous étions comportés durant cette si longue journée ; elle nous a dit que nous avions mis en danger la vie de Petit Ferdinand et de Tutto, et que nous avions sali le sofa de Louisa en laissant Bonie monter dessus avec les steaks. Mais elle nous disait ça d'une petite voix, comme si elle ne nous grondait pas, et elle nous tenait très fort tous les deux. De temps en temps, le Bêta lui faisait un bisou, et alors je devais lui en faire un autre, car je ne peux pas supporter qu'il croie que c'est sa propriété. A force de l'obliger à tourner la tête d'un côté et de l'autre pour lui faire des bisous, elle s'est sentie un peu mal. Mais cette nuit-là, elle n'a pas rouspété, ça lui semblait égal. Tout était si doux dans ce lit : les draps, ma mère, la couette. Mon père ne viendrait pas tous les vendredis, je demanderais à toujours dormir dans ce lit avec la maman du bébé. Et avec le Bêta, bien sûr. Celui-là, je ne pourrai plus m'en débarrasser de ma vie. Évidemment, avant de sombrer, avec une voix endormie, le Bêta a encore dit :

– Manolito et bébé t'achèteront la chemise de nuit.

Il l'a dit avec tellement d'assurance que j'ai commencé à le croire. Je ne sais pas pourquoi, mais je sentais que le Bêta avait étudié tout un plan dans sa tête.

L'ENFANT MYSTÉRIEUX

Lorsque nous nous sommes réveillés, ma mère était déjà levée et était en train de nous préparer le petit déjeuner. Elle nous faisait des tartines grillées et était de très bonne humeur comme les vendredis soir quand mon père arrive. Elle nous a dit qu'elle partait voir notre grand-père à l'hôpital et que, lorsque nous sortirions de l'école, nous devions aller tout droit chez Louisa, que Louisa et elle regrettaient beaucoup de s'être dit des choses aussi horribles et que, après tout, l'amour que nous donnions à Louisa, personne que nous n'allait le lui donner sur cette planète.

Comme d'habitude, elle nous a suivis, le peigne à la main, jusqu'à la porte et nous a fait un petit raccord de dernière minute, mais mes cheveux se sont remis à leur place habituelle, car ils sont sauvages. Pas le Bêta, qui ressemblait à un de ces enfants dans les publicités. Ma mère a dit qu'elle préférait nous voir habillés en survêtement plutôt qu'en costume, que nous n'étions pas mal dans les costumes bleu-BCBG que Louisa nous avait achetés, mais que nous paraissions les enfants d'une autre.

Ce matin-là, j'ai dû supporter quelques blagues de la

part de Yihad. Heureusement, il s'était maintenant beaucoup calmé en classe car il avait peur que cette furie de Mélody Martínez lui tombe dessus, et à la récréation aussi il s'était calmé car il ne voulait pas que le Bêta furieux lui tombe dessus. Yihad sait qu'on ne peut pas taper un petit devant les maîtresses parce que, sinon, tu t'en prends une. J'avais un peu les boules que mes défenseurs soient une fille et mon petit frère. L'inverse aurait été vraiment super, mais bon, c'était comme ça. Donc, ce matin-là, Yihad m'a dit des choses terribles, mais à voix basse ou en m'envoyant des petits papiers sur mon pupitre : « Manolito, va tout raconter à Mélody, si t'es cap » ; « Manolito, maintenant tu n'as plus le Bêta pour te défendre. » Grandes Oreilles a lu les petits mots de Yihad et m'a dit :

– Tu as de la chance : moi, personne ne me défend.

J'allais raconter à Grandes Oreilles que c'est la honte suprême que ton frère de quatre ans te défende, mais je me suis rendu compte que c'est le genre de truc dont il se fiche complètement. Grandes Oreilles ne sait pas ce qu'est la honte. Il est né sans elle et mourra sans elle.

Nous sommes allés manger chez Louisa. Tandis qu'elle faisait cuire les steaks, Bonie pleurait sur son coussin car elle savait qu'elle n'en mangerait aucun. Le Bêta était bizarre et mystérieux.

– Bébé veut voir ta chemise de nuit rouge, a-t-il dit à Louisa.

Elle a éclaté de rire et a répondu :

– Bon d'accord, je te la montre, mais je ne la mettrai pas.

Elle ne voulait pas la mettre car elle disait que nous sommes des petits curieux avec les dames et qu'elle n'aime pas ça.

Nous nous sommes mis à manger notre steak, en nous comportant tellement bien que, même nous, nous ne nous reconnaissions pas, quand Louisa est arrivée avec la chemise de nuit rouge à la main et se l'est mise contre elle.

– Bébé veut voir l'étiquette, a dit le Bêta.

– Pourquoi ? a demandé Louisa, plutôt étonnée. Moi aussi j'étais assez étonné.

– Parce que j'aime bien les étiquettes, pas vrai ? m'a dit le Bêta en faisant un truc très bizarre avec ses yeux car, il avait beau essayer d'en cligner un seul, les deux se fermaient. Heureusement que je comprends sa façon de parler.

– Oui, ai-je répondu sans trop savoir où voulait en venir mon frère mystérieux. Il adore les étiquettes.

– Eh bien… je crois qu'elle est là…

Louisa a regardé dans le sac d'où elle avait sorti la chemise de nuit.

– La voilà.

– Bébé la veut, tu lui donnes ? a demandé le Bêta.

– Petit cœur, si tout le monde pouvait avoir les mêmes caprices que les tiens.

Elle la lui a donnée, et quand elle a quitté un instant la cuisine, il a sorti l'étiquette de sa poche et me l'a montrée :

– Qu'est-ce qu'il y a écrit dessus ?

– Cent pour cent polyester.

– Non, pas ça ! Les chiffres, qu'est-ce qu'il y a comme chiffres ? il criait à voix basse comme s'il était très pressé de savoir ça.

– Il y a écrit… cinquante euros.

Nous sommes restés tous les deux hallucinés. Cette chemise de nuit avait coûté cinquante euros ! Ça ne m'étonnait plus que ma mère se soit mise à pleurer. Quelle horrible histoire, dépenser cinquante euros pour toi et devoir ensuite offrir la chemise de nuit à ta meilleure amie seulement pour te réconcilier avec elle. C'était horrible.

– Bon et maintenant quoi, ai-je dit à mon frère, pourquoi tout ce mystère ?

Il a haussé les épaules pour faire l'intéressant. De retour dans la cuisine, Louisa nous a épluché un fruit et nous a fait un de ses discours pour nous dire combien c'est bon, un fruit, et que nous allions rester des nains si nous n'en mangions pas. Le Bêta est descendu de sa chaise et est parti encore une fois aux toilettes. Je dis encore une fois, car ça faisait la troisième fois qu'il y allait durant le repas.

– Et où tu vas maintenant ?

– Bébé veut faire pipi.

– Tu n'aurais pas attrapé froid ?

—Bébé a toujours envie de faire pipi, hein ? a dit le Bêta, en me regardant à nouveau et en faisant des trucs avec ses yeux.

– Oui, toujours, toujours.

Avant de sortir de la cuisine, il m'a encore cligné des yeux dix fois. Puis il a fermé la porte. J'ai alors compris : il voulait que je distraie Louisa, sauf que je ne savais pas très bien pourquoi. Mais, bon, j'ai réalisé ses ordres mystérieux et j'ai demandé à Louisa qu'elle me raconte comment j'étais quand le Bêta n'existait pas. Et elle m'a raconté une fois de plus que j'étais un enfant qui était toujours dans les bras de sa mère, de Louisa, de son grand-père, et que les gens disaient tout le temps : « Mon Dieu, qu'est-ce qu'il est mignon, avec ses petites lunettes », car j'ai été un enfant à lunettes presque depuis que je suis né, et un enfant très sage, même que ça faisait plaisir à voir, jusqu'à ce que naisse le Bêta et que mon caractère se gâte, car j'ai commencé à faire sans arrêt des bêtises, et ma mère de me gronder sans arrêt, et de « son petites lunettes » je suis devenu « celui avec les lunettes ». Puis Louisa m'a redit la même histoire, que je serais toujours son préféré même si ma mère avait encore cinq enfants. Je me suis imaginé avec cinq frères en plus, et j'ai ressenti un frisson mortel. J'ai pensé au même truc que d'habitude, que ça me semblait très bien d'être le préféré de Louisa et le préféré de mon grand-père mais, ce que je voulais vraiment, c'était être le préféré de ma mère. J'ai pensé à ça, mais je n'ai rien dit à Louisa, car j'avais l'impression qu'elle allait le prendre un peu mal et aussi parce que je ne suis pas sincère comme le Bêta. En parlant du Bêta, il venait d'entrer par la porte, un sourire aux lèvres.

– Eh bien, tu en as mis du temps pour faire pipi.

– Bébé a fait aussi popo.

TUNA

Il a rigolé car, des fois, ses propres phrases le font rire.

Au moment où Louisa s'est mise à débarrasser la table, le Bêta m'a regardé et a cligné des yeux dans tous les sens. J'ai pensé : « Dans quel pétrin cet enfant mystérieux va-t-il me mettre ? »

LE PREMIER BRAQUAGE DU BÊTA

Quand nous sommes sortis de chez Louisa pour retourner à l'école, j'étais superintrigué. Une fois dehors, j'ai dit au Bêta que, s'il ne me racontait pas ce qu'il trafiquait, je prenais la tétine dans son cartable et je la jetais dans les W.C. les plus proches, dans ceux du Tropezón.

– Ils sont fermés, m'a-t-il répondu en riant.

– Bon, eh bien je la jette dans les W.C. de l'école. Dis-moi ce que tu as fabriqué pendant tout le repas, à te lever cinquante fois pour aller pisser. Tu sais très bien que d'habitude on doit toujours insister pour que tu ailles faire pipi.

C'est vrai, le Bêta ne trouve jamais le moment d'y aller. Ma mère le lui rappelle de moins en moins, et nous nous rendons compte qu'il n'en peut plus quand il commence à se tirer le zizi.

– Bébé veut faire pipi ? lui demande ma mère.

– Bébé se pisse dessus, répond-il.

Et quand il le dit, c'est que c'est vrai. Il faut chercher des W.C. ou trouver l'arbre le plus proche. Cet enfant nous rend fous.

Le Bêta m'a regardé et a fait un geste pour que je

m'approche. Je me suis penché et il a commencé à sortir quelque chose de sa poche, quelque chose qui m'a semblé être des billets. J'allais lui demander d'où il les sortait quand, au même moment, nous ont entourés des types que je n'avais encore jamais vus dans le parc de l'Arbre du Pendu.

– Eh, mec, m'a dit le plus grand, tu as l'heure ?

– Trois heures vingt, leur ai-je répondu.

– Super ta montre, a dit le grand à un autre de la bande. Comment tu t'appelles ?

– Manolo, leur ai-je dit, histoire qu'ils aient du respect pour moi.

– Manolito, a ajouté le Bêta, qui n'en a aucun.

– Alors comme ça, c'est Manolito, a dit le grand. Nous t'appellerons Manolito le Binoclard.

Très original, avons-nous pensé, moi et le Bêta.

– Manolito, a-t-il continué, tu sais que je suis très triste ?

– Non...

– Et tu sais pourquoi je suis si triste ?

– Non, je ne sais pas.

– Parce que j'aimerais avoir une montre comme la tienne, m'a-t-il répondu, et tous ses collègues se sont mis à rire.

– Et bébé aussi, a dit le Bêta.

C'est à peine s'ils ne se sont pas roulés par terre de rire. Moi, je commençais à me vexer.

– Donne-la-moi sinon je vais être triste.

– Je ne peux pas te la donner car c'est la montre de ma communion, ai-je répondu.

– Le curé ne t'a pas appris qu'il faut donner aux pauvres ?

– Oui, mais pas la montre. Cette montre est à moi.

– Bon, eh bien si tu ne veux pas me donner la montre, donne-moi une petite pièce.

Soudain, je me suis souvenu des billets que le Bêta avait dans sa poche, et j'ai transpiré de tout mon corps comme si je venais de prendre une douche. J'ai jeté un coup d'œil vers le Bêta, et j'ai vu l'argent. Il avait le poing serré, mais les bouts des billets dépassaient.

– Je préfère te donner la montre car je n'ai pas d'argent sur moi, lui ai-je dit afin qu'ils nous fichent la paix une bonne fois pour toutes.

J'ai commencé à enlever ma montre, ma montre *water resist* de la communion, cette montre aux numéros phosphorescents que je regardais toutes les nuits dans l'obscurité. J'ai eu envie de pleurer, mais j'ai serré les dents pour que mon menton ne tremble pas. Le Bêta a attrapé la montre avec sa main libre.

– Manolito ne leur donne pas la montre ! s'est-il mis à crier. Tu n'as jamais voulu la donner à bébé, et tu la donnes à eux !

– Mais je ne la leur donne pas par plaisir ! ai-je crié. Je la leur donne parce qu'ils nous braquent !

Un instant, le Bêta les a regardés comme si, soudain, il comprenait, mais ensuite il n'a pas eu l'air très convaincu.

– Les pistolets, où sont leurs pistolets ? m'a-t-il demandé.

Il faut dire qu'il n'a vu des braquages qu'à la télévision.

– Qu'est-ce que ça change qu'ils n'aient pas de pistolet, ils nous braquent.

– Écoute ton frère aîné, a dit la grande perche qui en avait un peu marre de nos explications, c'est la sagesse.

Soudain, sans qu'on sache pourquoi, le Bêta s'est mis à crier, mais à crier d'une façon que les autres en étaient hallucinés, et moi avec. Il criait comme si on lui avait mis un revolver sur la tête. Il criait, s'arrêtait seulement pour reprendre sa respiration et criait encore plus fort. Nos agresseurs ont commencé à devenir nerveux.

– Donne-moi cette montre tout de suite ou je te colle une mandale dans tes lunettes ! m'a dit un petit, qui avait une tête de fou.

J'ai dû attraper le Bêta par la main, car il n'était pas du tout décidé à la leur donner. J'ai réussi à lui ouvrir la main et j'ai tendu la montre au petit.

– Si tu caftes, m'a prévenu le grand en me filant un coup dans l'épaule, je reviens demain et je t'enlève tes chaussures. Fais gaffe.

– Je ne suis pas un cafteur.

– On ne sait jamais.

Nos agresseurs sont partis en courant et nous avons entendu le rideau de fer du Tropezón qui s'ouvrait. M. Ézéchiel a hurlé :

– Qu'est-ce qui lui arrive à cet enfant ? Il m'a réveillé pendant ma sieste !

Le Bêta a arrêté de crier.

– Bébé crie et eux s'en vont, a-t-il dit, très convaincu de ses pouvoirs, puis il a expliqué à M. Ézéchiel : c'étaient des braqueurs sans pistolets, et en plus ils ont pris la montre de Manolito, et moi je voulais la montre.

– J'appelle la police ! a dit M. Ézéchiel en rentrant dans son bar.

– Le cafteur. Maintenant ils vont revenir demain et, à cause de toi, ils vont m'enlever mes chaussures. Cafteur !

Le Bêta m'a regardé sans savoir quoi dire. Il a alors ouvert la main qu'il avait gardée tout ce temps fermée, et j'ai aperçu les billets.

– S'ils reviennent, bébé leur donnera une pièce, pour que Manolito ne reste pas sans chaussures.

– Et cet argent ?

– Bébé l'a pris dans le tiroir de Louisa. Bébé sait où Louisa garde ses billets.

– Tu as volé de l'argent à Louisa ?

– Seulement cinquante euros.

– Cinquante euros !

– Pour la chemise de nuit de ma maman.

– Nous allons tout de suite rentrer et les lui rendre.

– Non, c'est à bébé. Bébé lui a pris !

– Ce n'est pas à toi, c'est à elle !

– Louisa a beaucoup de billets dans son tiroir, et ma maman n'a pas de chemise de nuit rouge.

– Ce n'est pas ta maman, c'est notre maman. Je vais rendre tout de suite cet argent à Louisa.

Nous avons entendu la sonnerie de l'école. Si nous traînions un peu plus, les portes allaient se fermer.

– Si Manolito le lui dit, Manolito est un cafteur.

– Bon, allons à l'école, et nous verrons ça à la sortie. Mais c'est moi qui garde l'argent.

– Non, Manolito va se faire voler. Bébé le garde, et il a mis les billets dans sa poche, et nous sommes partis en courant comme des fous.

LA TÊTE DU COUPABLE

Ma mère nous a supertenus par la main tout l'après-midi. Elle a raconté l'histoire de la chemise de nuit que nous lui avions offerte à tous les vieux de l'étage, à l'infirmière géante, au médecin de garde et à mon père qui lui a téléphoné. Nous étions collés tout contre elle quand elle a parlé avec lui, car nous voulions savoir ce qu'il pensait de nous, les meilleurs enfants du monde (souviens-toi). Mon père a dit à ma mère :

– Tu vois qu'ils n'ont pas un si mauvais fond, comme on a cru.

Et ma mère a répondu :

– C'est vrai, des fois ils sont si attentionnés qu'on dirait que ce n'est pas eux.

Nous étions très contents d'être les meilleurs enfants du monde, surtout parce que ma mère nous a acheté des Coca-Cola et des chips, et mon grand-père nous a donné à chacun une récompense de six euros afin que nous remettions dans nos tirelires l'argent que nous avions dépensé pour la chemise de nuit. J'ai eu l'impression que le Bêta était un génie, car il avait commis un délit mais tout le monde le remerciait et en plus, on voulait nous rendre de l'argent volé. Ma mère n'a pas douté un instant que cet argent sortait de nos cochons-tirelires respectifs et que, depuis des semaines et des semaines nous y mettions notre paye du dimanche, un euro, pour pouvoir lui faire un cadeau inoubliable. Pour réussir à réunir cinquante euros avec notre paye du dimanche, nous aurions eu besoin d'au moins vingt ans, mais ma mère et les comptes, ça a toujours fait deux. Je t'ai déjà raconté dans un livre précédent sur ma vie que, lorsqu'elle était petite, elle avait toujours des mauvaises notes en mathématiques. A part ça, je crois qu'elle était tellement contente de la chemise de nuit de ses rêves qu'elle n'a pas pensé que, pour l'acheter, nous avions dû voler Louisa. Moi non plus, je n'y pensais pas, je pensais seulement que j'étais un enfant très sage, et je commençais de plus en plus à croire à cette histoire selon laquelle j'avais économisé pendant longtemps pour lui offrir un cadeau. Le Bêta, lui, s'en fichait car il ne s'imaginait pas qu'il avait fait quelque chose de très mal. C'est un enfant qui ne sait pas encore ce que sont les remords.

Mon grand-père aussi était content car le médecin lui avait dit que, s'il continuait comme ça, il le laisserait rentrer chez lui, bien que mon grand-père nous a dit aussi que l'hôpital allait lui manquer car il s'était fait pas mal d'amis et parce que la nourriture de l'hôpital était bien meilleure que celle de ma mère. Cette dernière phrase, il l'a dite à un moment où ma mère était partie aux toilettes.

Les meilleurs enfants du monde ont dit au revoir à leur grand-père et sont montés dans la voiture de

Louisa. Ma mère est venue avec nous, parce qu'une mère qui a la chance d'avoir les meilleurs enfants du monde ne veut pas se séparer d'eux une seule seconde, même si son propre père est à l'hôpital.

Dans la voiture, nous avons chanté des chansons de publicités de la télé que nous connaissons par cœur et aussi l'hymne de Carabanchel ; c'est la présidente de l'association des voisins qui nous l'a appris pour le jour où viendra dans notre quartier une personne importante, comme le roi ou Raúl, qui est un joueur de football que nous aimons beaucoup, même s'il est d'un autre quartier. Nous étions donc en train de chanter, à tue-tête, l'hymne que nous chanterons en présence du roi d'Espagne :

Quelle joie lorsqu'ils me dirent :
allons à la maison du Seigneur.
Nos pieds franchissent déjà
Le seuil de ta porte, Carabanchel !

C'était une chanson que le curé de notre quartier nous avait apprise, sauf qu'avant je crois qu'au lieu de dire Carabanchel, nous disions Jérusalem, mais tout le monde a trouvé que c'était beaucoup plus beau avec le nom de mon quartier et c'est resté comme ça. Actuellement, on la chante dans les fêtes et tout le monde la connaît par cœur au cas où le roi viendrait par surprise, parce qu'il a envie.

Louisa a garé la voiture contre les chaises de la terrasse du Tropezón. Il y avait des gens assis à une table qui ont eu un peu peur, ils ont dit qu'un peu plus et c'en était fini d'eux. Mais Louisa a répondu sans perdre son sourire :

– Allons, il y a eu plus de peur que de mal.

M. Ézéchiel a demandé à Louisa si elle pouvait se garer ailleurs la prochaine fois, comme par exemple sur le terrain vague derrière chez moi, et elle a répondu bon, bon, d'accord, et nous avons encore éclaté de rire car nous savons que lorsque Louisa dit bon, bon, d'accord, la prochaine fois elle mettra sa voiture où elle voudra, car ce qu'elle aime, c'est se garer contre les chaises du Tropezón, histoire que sa voiture soit bien sur le trottoir. Chacun son style.

Nous l'avons laissée au deuxième. Avant d'ouvrir la porte de chez elle, Louisa nous a embrassés et nous a dit que tout ce que nous avions fait la veille n'était pas grave, que le plus important était qu'elle nous aimait, que Petit Ferdinand avait maintenant un bocal neuf, que Bonie était au régime car elle avait vomi les deux steaks et que Tutto était encore dans un coin de sa cage avec la peur au ventre après avoir vu la perruque de Barnabé, mais que c'était normal que les enfants de l'enfance fassent ce genre de blague, et qu'elle nous comprenait car elle était très psychologue et très pédagogue et une personne très gentille.

– Vous n'êtes pas prêts d'oublier les deux jours que vous avez passés avec votre Louisa, et tout ce que je vous ai acheté et le restaurant où je vous ai emmenés.

– Et les gros vers de terre, a dit le Bêta.

– Oui et les gros vers de terre qu'a mangés mon

bébé, a répété Louisa. Hein, que vous n'êtes pas prêts de les oublier ?

Nous avons répondu d'une seule voix :

– Oui, jamais ! car nous étions des enfants exemplaires.

Tout n'était plus que bisous, sourires, un coup mes petits chéris, un autre mes chers enfants. Nous sommes arrivés dans la cuisine et aussitôt : qu'est-ce que je vous prépare ? qu'est-ce que vous voulez ? Et nous : nous voulons cinq saucisses, maman. Et ma mère : cinq et ce que vous voudrez, plus tout le ketchup du monde, j'ouvre un Coca, prenez deux grands verres, vous voulez un glaçon ? Nous : un, non, deux. Ma mère : deux, très bien.

Tandis que nous mangions nos cinq saucisses sur un coulis de ketchup, ma mère est partie et est revenue habillée avec sa chemise de nuit rouge. C'était un très beau rouge, un rouge ketchup, et ma mère était superbelle. Elle nous a dit :

– Je ne la mets pas longtemps, juste pour que vous me voyiez, et je l'enlève car papa vient demain et je ne veux pas la salir.

On a sonné à la porte, c'était Louisa, elle aussi en chemise de nuit. C'est le Bêta qui a ouvert la porte, et lorsque Louisa est entrée dans la cuisine et qu'elles ont été toutes les deux (ma mère et Louisa) l'une en face de l'autre et qu'elles se sont vues en chemise de nuit rouge, elles ont soudain poussé un cri, je ne sais pas pourquoi, sans doute parce qu'elles étaient pareilles (quoique en vérité, Louisa était plus grosse).

– Il ne nous manque plus maintenant que des chaussons assortis, Catalina, a-t-elle dit.

– J'aimerais bien, a répondu ma mère, mais là je ne peux plus dépenser d'argent.

– Attends, a dit Louisa qui est partie en courant sans dire où elle allait.

Quelques secondes plus tard, on a entendu la sonnette. Louisa est apparue dans la cuisine. Elle était pâle et, avec sa chemise de nuit rouge, on aurait dit un vampire. Elle faisait un peu peur.

– Qu'est-ce qui t'arrive, Louisa ? a demandé ma mère.

Elle a mis du temps à répondre. Qui aurait pu imaginer qu'elle allait prononcer les mots suivants :

– Il manque cinquante euros dans mon tiroir.

J'ai tout de suite rougi. Le Bêta, lui, s'est resservi, comme si de rien n'était, du ketchup sur ses saucisses. Tu ne vas pas me dire que c'est normal que je fasse, moi, une tête de coupable et pas lui.

DÉLINQUANTS ET RANCUNIERS

L'instant était tragique. Ces deux femmes vêtues d'une chemise de nuit rouge ketchup étaient l'une en face de l'autre et se regardaient fixement. Le Bêta mangeait en regardant son assiette tandis que, moi, j'avalais de travers le dernier morceau de saucisse que j'avais mis dans ma bouche. J'ai posé ma main sur mon cou sans oser appeler au secours. Je préférais mourir étranglé plutôt qu'elles se rendent compte que mon visage était complètement rouge, non pas à cause de la saucisse mais de ce que je t'ai dit : c'est moi qui fais la tête de coupable même si je n'ai pas commis le délit.

– Tu es sûre qu'il te manque cinquante euros, Louisa ? a demandé ma mère, comme si c'était la dernière question de sa vie.

– Aussi sûre que je suis Louisa, ton amie.

– Mais pourquoi me regardes-tu avec cette tête, comme si c'était moi qui te les avais pris ?

– Je ne te regarde avec aucune tête, Catalina, seulement ne me dis pas que ce n'est pas une drôle de coïncidence.

– Quelle coïncidence ?

– Il me manque cinquante euros et c'est justement le prix que leur a coûté la chemise de nuit.

– Ce n'est pas le même prix, a dit le Bêta avec un morceau de saucisse dans la bouche, qui faisait comme une bosse. Ce n'est pas le même prix. La chemise de nuit de ma maman a coûté quarante-cinq euros. Il est resté à bébé un gros billet.

– Où est le gros billet ? lui ai-je demandé à voix basse.

– Dans la poche de bébé. Le gros billet est à bébé.

Louisa et ma mère nous ont regardés sans savoir quoi dire. Au bout d'un moment, Louisa a eu une idée.

– Écoute, Catalina, si tu ne leur demandes pas toi, c'est moi qui leur demanderai.

– Leur demander quoi ? a dit ma mère qui cherchait à comprendre.

– Si ce sont eux qui m'ont pris l'argent.

– Eux ? a répété ma mère. Tu accuses mes enfants d'avoir volé. Un enfant de quatre ans.

– Hum, a fait Louisa, l'autre en a déjà neuf.

Ma mère m'a regardé. Elle semblait réfléchir et se demander si, à mon âge, on était capable de voler cinquante euros à une voisine.

– Ce n'est pas bébé, a dit le Bêta sans les regarder.

– Quel culot ! ai-je crié sans le vouloir.

Il m'avait dénoncé. Il était maintenant évident que c'étaient nous les voleurs.

Ma mère faisait une tête que je n'avais jamais vue. Une tête de quelqu'un qui ne croyait pas à ce qui était en train de se passer.

– Mon Dieu ! a-t-elle dit. Comment avez-vous pu voler cinquante euros à Louisa ? C'est la meilleure, la meilleure, il ne manquait plus que ça ! Délinquants !

En criant « Délinquants ! » elle a fait la même tête que M'dame Asunción.

– Qui a eu cette idée ? Qui ?

Elle avait la passoire dans la main et nous faisait très peur.

Nous nous sommes montrés du doigt. De ma part, c'était normal puisque c'était le Bêta qui avait eu l'idée. Mais, de la part du Bêta, c'était vraiment gonflé.

– Personne, naturellement. J'en étais sûre.

– Ce matin, le petit est sorti vingt fois de la cuisine en disant qu'il voulait faire pipi, a dit Louisa qui lançait une piste.

– Le petit l'a fait et le grand en a eu l'idée, a ajouté ma mère en me regardant très fixement.

– Non, maman, je te jure que je l'ai su après, mais je n'ai rien dit parce que moi aussi je voulais... moi aussi je voulais..., ai-je dit sans pouvoir finir ma phrase car mon menton a commencé à trembler de façon incontrôlée.

– Tu voulais, tu voulais. Au lit tous les deux ! Je vais réfléchir à votre punition. Vous allez voir ça. Pour commencer, Manolito, tu es privé de sortie au parc de l'Arbre du Pendu pendant toute la semaine

Nous nous sommes levés et nous sommes allés nous coucher. En chemin, j'ai traité le Bêta d'imbécile et lui m'a traité de cafteur, je lui ai répondu que, par sa faute, je m'étais fait engueuler et qu'en plus, il était le petit chouchou à sa maman, et lui m'a pincé le bras tellement fort que j'en ai eu un frisson, je l'ai poussé et il est tombé sur les fesses. Mais malheureusement, nous n'avons pas pu continuer à nous taper car ce n'était pas le moment.

J'ai réussi à entendre ma mère qui disait à Louisa d'une voix très faible :

– Ne t'inquiète pas, Louisa, je te rendrai l'argent.

– Quand tu veux…, a-t-elle dit.

– Dès que je peux, a répondu ma mère.

Elles se sont dit au revoir, au revoir, et Louisa est partie. C'était très bizarre car, d'habitude, elle reste une demi-heure à parler avec ma mère mais, ce soir-là, la conversation s'est terminée tout de suite.

J'ai aussi entendu ma mère répondre au téléphone à mon père et lui dire :

– Non, non, tout va bien, Manolo, vraiment, je n'ai rien, je suis seulement très fatiguée à cause des allers-retours à l'hôpital, c'est pour ça que j'ai la voix comme ça.

Il se passe parfois des choses très bizarres. Lorsque nous faisons une bêtise pendant le dîner, n'importe laquelle, comme jeter une saucisse par terre ou casser la tasse du lait, ma mère raconte tout à mon père mais, lorsque nous faisons quelque chose de très grave, elle se tait. Je ne sais pas pourquoi.

Je me suis mis dans mon lit et je me suis recouvert jusqu'en haut, jusqu'à la tête. J'en avais marre de la vie : qu'on m'accuse toujours de tout, qu'on ne me croie jamais et de m'être laissé entraîner par les idées meurtrières du Bêta. C'était toujours moi le perdant, car le Bêta, lui, s'en fiche pas mal qu'on ne le laisse pas sortir : il s'amuse aussi bien chez nous à regarder la télé avec ma mère ou à jouer à tirer sur la Barbie volante avec son pistolet à ventouses. Mais si moi, on ne me laissait pas aller goûter avec Grandes Oreilles, avec Mélody ou avec Moutarde, ma vie n'avait plus aucun sens.

Le lendemain matin, ma mère nous a réveillés. Elle ne nous a fait aucun bisou, et nous a apporté notre lait sans rien nous dire. Nous avions cessé d'être les meilleurs enfants du monde. Elle n'a pas non plus regardé nos cheveux pour le dernier coup de peigne. Elle nous a seulement dit de rentrer manger à la maison, que le matin elle serait à l'hôpital avec le grand-père mais qu'elle rentrerait ensuite à l'heure du déjeuner, car il était prouvé que nous étions des enfants qui ne pouvaient rester avec personne, qu'on ne pouvait nous faire aucune confiance. Et que si mon pauvre grand-père restait tout seul et en plus sans prostate, nous savions à qui la faute. Au revoir. Elle nous a dit au revoir et elle a fermé la porte et, lorsque nous sommes sortis dans la rue, elle n'était pas à la fenêtre pour nous faire un signe de la main comme les autres jours. Elle était très fâchée.

Et nous, nous étions tout tristes, car mon grand-père allait être tout seul à cause de nous, et nous étions aussi très fâchés, l'un envers l'autre, et nous gardions chacun beaucoup de rancune si bien que, sans rien

nous dire, nous avons marché chacun sur un trottoir comme si nous n'étions pas des frères et que nous ne nous connaissions pas.

A la récréation, Grandes Oreilles m'a demandé si j'allais chez lui cet après-midi jouer à un superjeu qu'il avait sur son ordinateur, et je lui ai dit que je ne pouvais pas, car j'avais honte de lui dire que j'étais puni. Et voilà Grandes Oreilles, mon grand ami (et cochon en même temps) qui me tourne le dos et, sans hésiter un seul instant, fait ce qui pouvait m'énerver le plus : inviter Yihad. Yihad a alors éclaté de rire et a dit ouais génial, ensuite il m'a tapé contre l'épaule pour me demander pourquoi je ne venais pas, et je suis resté sans rien dire, et Yihad m'a encore tapé plusieurs fois contre l'épaule, c'est un truc qu'il fait pour te mettre la pression. Le Bêta nous regardait dans un coin de la cour, mais au lieu de venir en courant comme il fait chaque fois que Yihad me cherche, il a regardé par terre d'un air très sérieux.

Qui sait, peut-être que jamais plus nous ne nous reparlerions ?

Bébé se confesse

Je ne sais pas si ça t'est déjà arrivé que ta mère soit fâchée contre toi mais qu'elle ne te dise rien et qu'elle ne te regarde même pas. Qu'elle te mette une tranche de jambon dans ton assiette, un verre d'eau et un morceau de pain, et qu'elle te dise : « Vite, dépêche-toi, ton grand-père est tout seul à l'hôpital, il n'y a pas de temps à perdre. » J'aurais préféré qu'elle nous crie dessus ou qu'elle nous donne une de ses tapes, mais ne pas parler, et rester assis tous les trois sans rien nous dire, car nous gardions chacun beaucoup de rancune, ça c'était le pire de tout.

Nous sommes partis à l'hôpital sans rien dire à Louisa, ni même s'il te plaît Louisa, emmène-nous, non, rien. Les trois dans le bus. Moi et le Bêta ensemble (pas par envie, mais parce que notre mère nous l'a ordonné), et elle toute seule, loin, comme si elle était une mère sans enfants.

Lorsque nous sommes arrivés à l'hôpital, la vie de mon grand-père avait beaucoup changé : il faisait une partie de belote dans sa chambre avec trois autres grands-pères. Ils avaient tous le sac avec le liquide jaune sur leurs jambes, comme font les dames de mon quartier avec leur sac quand elles attendent que le docteur les appelle. Mon grand-père avait mis son dentier et nous a fait un de ses sourires avec dents. Il ressemblait à notre grand-père habituel.

– Manolito, crache-moi dans la main, c'est à moi de jouer.

– Euh… aujourd'hui, je ne vais peut-être pas te porter chance.

– Mais si, mon gars, crache.

J'ai craché. Et bien sûr, comme je lui avais dit, je ne lui ai pas porté chance. Aussi mon grand-père a arrêté de jouer car il a compris que, si mes petits crachats avaient perdu tous leurs pouvoirs magiques, c'est que quelque chose de grave avait dû se passer.

– Laisse-les-moi, Catalina, aujourd'hui je vais mieux, je peux rester avec eux dans le couloir. Va faire un tour, ma fille.

– Non, papa, non, ces enfants ne peuvent pas rester sans surveillance. Va-t'en savoir ce qu'ils peuvent faire ici à l'hôpital. Non, terminé, plus jamais je ne les laisserai tout seuls.

– Mais pourquoi ?

Nous avons regardé par terre car nous savions que ma mère allait répondre à cette terrible question.

– Ils ont pris de l'argent à Louisa.

– Comment ?

– Ils ont pris de l'argent à Louisa. L'argent de la chemise de nuit qu'ils m'ont achetée hier, ils l'ont volé à Louisa.

Mon grand-père nous a regardés. Nous étions en

train de fixer le sol, mais quand un grand-père te regarde, tu t'en rends compte : tu le sens au niveau de la nuque.

– C'est vrai ce que dit votre mère ?

Nous n'avons dit ni oui ni non.

– Et elle s'est beaucoup fâchée ? a demandé mon grand-père.

– Eh bien, tu vois…, a répondu ma mère.

– Ce ne sont pas des choses à faire, nous a-t-il dit. Vous le savez, non, que ce ne sont pas des choses à faire ?

Nous sans dire ni oui ni non. Comme des morts.

– Combien lui ont-ils pris ?

– Cinquante euros. La chemise de nuit leur a coûté quarante-cinq.

– Et les cinq qui restaient ? a demandé mon grand-père.

– Ils sont à bébé, a répondu bébé en personne.

– Et pourquoi ça ? ai-je dit.

Ça me paraissait injuste : puisqu'on nous engueulait tous les deux pour avoir volé, au moins que l'on partage le butin.

– Ils sont à bébé, a dit le Bêta en croisant les bras.

Il fait toujours ça quand il est fâché, mais il ne les croise pas bien car il les a un peu gros et un peu trop courts.

– Bébé les a pris à Louisa.

Nous avons tous regardé le Bêta. Ma mère, mon grand-père et moi.

– Bébé les a pris. Ils sont dans la poche de bébé, a dit le Bêta, prêt à pleurer.

Car la seule chose qui l'intéressait dans cette histoire, c'était le gros billet, comme il l'appelait. Les quarante-cinq euros de Louisa, il s'en fichait pas mal.

– C'est donc toi ? lui a demandé ma mère avec la bouche grande ouverte. Manolito ne t'a pas dit de le faire ?

– Non, Manolito n'a pas dit, a dit le Bêta. Bébé est sorti de la cuisine et bébé les a volés dans le tiroir de Louisa, ensuite ils ont volé la montre de Manolito et Manolito leur a donné la montre, mais bébé ne leur a pas donné l'argent. C'est pour ça que le gros billet est à bébé.

– Mais toi, mon chéri, qui t'a volé ta montre ? a demandé ma mère, qui faisait des efforts pour comprendre.

– Des voyous dans la rue.

– Et pourquoi tu ne m'as rien dit ? a-t-elle insisté.

– Bébé voulait le dire, mais Manolito n'a pas laissé bébé, a dit le Bêta.

– Sale cafteur ! ai-je crié à voix basse au Bêta.

– Pourquoi tu ne voulais pas me le dire ? a demandé ma mère.

– Parce qu'ils m'ont dit que, si je caftais, ils reviendraient pour me voler mes chaussures, et aussi parce que, si je te l'avais dit, peut-être que tu te serais fâchée et tu m'aurais demandé pourquoi je m'étais laissé prendre ma montre au lieu de partir en courant… Parce que tu m'as dit plusieurs fois que, si des voyous s'approchent de nous, nous devons détaler à toute vitesse…

– C'est vrai, Catalina, a dit mon grand-père.

– D'accord, Manolito, mais ça ne veut pas dire que je vais te gronder si on a volé ta montre…, a-t-elle dit en se grattant un peu la tête. Ah, mon Dieu, il y a des fois où vous comprenez tout ce que je vous dis de travers.

– Mais le gros billet est à bébé, a dit le Bêta qui ne changeait toujours pas de disque.

– Aujourd'hui, je vais gronder bébé très fort, a dit ma mère, car, à quatre ans, bébé est déjà très méchant. J'ai puni ton frère à cause de toi.

– Écoute, a dit mon grand-père, le petit l'a fait pour t'acheter la chemise de nuit car il t'a vue tellement déçue de devoir l'offrir.

Ma mère a regardé le Bêta qui regardait à nouveau par terre car il ne supporte pas qu'on le gronde. Il faut dire qu'il est moins habitué que moi. Puis elle m'a regardé, moi qui étais si triste de voir mon poignet sans montre, sans ma montre submersible *water resist*.

– Et maintenant lequel je gronde ? a demandé ma mère à mon grand-père. S'ils sont tous les deux des saints. Que doit-on faire dans ces cas-là, papa ?

– Si je savais. L'éducation, ne me demande pas, j'ai tout oublié.

– Comment je vais faire, moi, pour dire à Louisa que mes enfants n'ont pas un si mauvais fond alors qu'ils lui ont volé cinquante euros ? se demandait ma mère à voix haute. Papa, tu as raison, je vais aller faire un tour.

Elle est partie. Nous sommes restés là tous les trois. Moi et le Bêta très sérieux, et mon grand-père qui ne savait pas quoi dire pour nous réconcilier et qu'on arrête de se faire la gueule.

– Vous savez ce que c'est ce liquide que je transporte dans mon sac ? nous a-t-il demandé.

Nous avons bougé tous les deux la tête d'un côté et de l'autre.

– C'est du pipi.

– Du pipiiiiii ? avons-nous dit en chœur.

– D'où il sort ? ai-je demandé.

– Eh bien d'où voulez-vous qu'il sorte, mes enfants, d'où voulez-vous qu'il sorte ?

Nous avons été pris d'une crise de rire tellement forte que nous avons dû nous rouler par terre.

LES CHOSES QUI SE PENSENT ET QUI NE SE DISENT PAS

Mon grand-père nous a attrapés par la main et nous a dit :

– Allez, ça suffit, vous n'allez pas être fâchés tout l'après-midi. Vous parlez d'une barbe !

Il a essayé de joindre nos mains pour que nous fassions la paix. Il avait déjà essayé deux fois, sans succès. Dès que nous sentions qu'il rapprochait nos mains, nous les enlevions comme si l'autre allait nous envoyer une décharge électrique. La paix ? Jamais.

– A cause de lui, je me suis fait engueuler hier soir. A cause de lui, maman ne me parle plus, ai-je expliqué à mon grand-père.

– D'accord, mais maintenant ta mère sait que c'est lui qui a volé. Ne sois pas rancunier, Manolito.

– C'est un cafteur et un traître.

Le Bêta chantait tout bas pour m'énerver.

– Je vais te dire une chose, Manolito, m'a dit mon grand-père, c'est vrai que tu n'as pas volé l'argent, mais tu as bien accepté les six euros que je vous ai donnés à chacun parce que vous vous étiez bien conduits avec votre mère.

Ça oui, c'était un coup bas. Je ne m'y attendais pas du tout.

– Mais tu as raison, a-t-il continué, il n'aurait pas dû t'accuser de quelque chose que tu n'avais pas fait. Aussi je crois que c'est bébé qui doit te serrer la main pour faire la paix. Allez, Nico, tu veux serrer la main de Manolito ?

Le Bêta l'a tendue sans me regarder en face, quand soudain il l'a retirée.

– Le gros billet est à bébé.

Le gros billet. Il était obsédé.

– Nous parlerons du billet après. Maintenant serre la main de Manolito et oublions cette histoire, vous commencez à me fatiguer.

Le Bêta m'a tendu la main.

– Maintenant à toi, allez, sois gentil.

J'ai tendu la mienne et nous nous sommes serré la main.

– Très bien, vous êtes de nouveau amis, maintenant nous allons réfléchir à ce que nous allons faire pour que Louisa ne soit plus fâchée.

– Lui rendre l'argent… Seulement, nous ne l'avons plus, ai-je dit.

– Tout ne se réglera pas en rendant l'argent, a dit mon grand-père. Il ne s'agit pas juste de lui rendre, car vous avez fait quelque chose de très mal, et je parle pour les deux : l'un a volé et l'autre n'a rien dit. Il faut faire quelque chose pour qu'elle sache que vous l'aimez.

– Louisa voulait des chaussons rouges, a dit le Bêta.

– C'est vrai, grand-père, c'est comme ça qu'elle s'est rendu compte qu'il lui manquait des billets, quand elle est descendue chercher de l'argent pour les chaussons.

– Eh bien voilà, nous allons lui acheter des chaussons. A nous trois. Manolito met les six euros que je lui ai donnés, et bébé en met onze, les six que je lui ai donnés plus le gros billet.

– Non, le gros billet, non…, a dit le Bêta, profondément malheureux.

J'étais encore fâché contre lui, bien que nous ayons fait la paix, mais avec son air profondément malheureux, je ne sais pas, il me faisait pitié, je dois l'avouer.

Le plus incroyable, c'est que mon grand-père ne s'est pas ému.

– Le gros billet, si. Arrêtons ces bêtises. Il n'est pas à toi et tu dois le rendre. Allons, donnez-moi l'argent.

Mon grand-père nous a montré la paume de sa main et a attendu. J'ai sorti mes six euros de ma poche. Le Bêta a sorti les siens. Puis, comme mon grand-père tendait toujours la main, il a sorti son cher gros billet.

– Très bien, nous avons maintenant dix-sept euros. Avec ça, nous aurons sûrement de quoi acheter les chaussons rouges de Louisa. Mais, évidemment, ce serait trop dur de voir maman sans son ensemble au complet, qu'est-ce que vous en pensez ?

– Euh oui…, avons-nous répondu bêtement.

Mon grand-père a alors sorti de son portefeuille un billet de vingt euros et l'a mis dans ma poche.

– Vous irez demain tous les deux aux Mille et Une

Nuits, vous achèterez les chaussons et vous les leur offrirez le soir même.

– Mais nous devrons toujours de l'argent à Louisa, ai-je dit à mon grand-père.

– Je suis sûr d'une chose, m'a-t-il répondu, le cadeau fera tellement plaisir à Louisa qu'elle en oubliera complètement qu'elle l'a payé. Elle ne s'en rendra même pas compte. Mais attention, ne dites rien sur l'argent ni sur ce que vous allez en faire.

Après que mon grand-père nous a donné la grande solution pour que tout redevienne comme avant, nous lui avons fait raconter encore une fois comment l'infirmière gigantesque lui avait mis un tube au zizi pour qu'il n'ait pas besoin d'aller faire pipi aux W.C. pendant qu'il était à l'hôpital. Ils font ça dans les hôpitaux de la Sécurité sociale pour économiser l'eau de la chasse. Mon grand-père a dit que ça s'appelait une sonde, et moi et le Bêta nous avons pensé pourvu que, dans notre vie future du XXIe siècle, on ne doive pas nous mettre, pour une raison quelconque, une sonde car ça nous faisait mal rien que d'y penser. Cela dit, même si nous avions mal, nous lui avons fait raconter trois fois et, lorsque nous regardions le sac avec le pipi, ne me demande pas pourquoi, on se mettait à rigoler. Nous lui avons demandé de nous montrer l'autre bout de la sonde, mais il nous a répondu non, qu'il ne manquait plus que ça.

– Grand-père, quand est-ce que tu rentres à la maison ?

– Si ça se trouve, ils vont me lâcher ce week-end.

– Mais tu n'as pas dit que tu aimais bien être ici, à l'hôpital ? ai-je demandé en ayant un peu peur qu'il réponde oui, qu'il préférait.

– Oui, il y a de bons côtés : les amis que je me suis faits ici…

– La nourriture…, lui ai-je rappelé.

– La nourriture… Il faut dire la vérité : votre mère ne cuisine pas très bien. Bien sûr, le ketchup et les saucisses me manquent… Mais l'hôpital a aussi ses mauvais côtés : la sonde, et le soir vous me manquez beaucoup.

Nous aurions voulu qu'il revienne tout de suite car il nous manquait aussi beaucoup, mais nous ne lui avons pas dit car il y a des choses qui se pensent mais qui ne se disent pas.

MON GRAND-PÈRE S'Y CONNAÎT EN FEMMES

C'est M. Faustino qui nous a accompagnés aux Mille et Une Nuits. Il est arrivé au moment où nous étions à l'hôpital, et mon grand-père lui a dit qu'il devait nous accompagner pour quelque chose de très important. M. Faustino, au cas où tu ne le saurais pas, est le grand-père de Yihad, mais il ne ressemble pas du tout à son petit-fils : ce n'est pas un grand-père loubard, il n'a jamais tapé un autre grand-père de son âge.

M. Faustino a beaucoup aimé toutes les chemises de nuit qu'il y avait dans le magasin, et aussi tous les autres vêtements. Il touchait à tout, aux soies et aux volants et à tous les tissus si doux qu'il y avait aux Mille et Une Nuits, il nous disait que nous avions de la chance d'être des enfants, car nous avions encore toute notre jeunesse devant nous. Et, en disant cela, une larme lui a coulé de l'œil, mais nous n'avons pas réussi à savoir si c'était une larme de tristesse car M. Faustino est toujours en train de pleurer à cause d'une maladie qu'il a aux yeux, et il est tout le temps en train de s'essuyer avec un mouchoir, aussi tu ne sais jamais à quoi t'en tenir.

La dame vendeuse a sorti pour ma mère des chaussons rouges de pointure 38, mais nous ne savions pas quelle était celle de Louisa car ce n'est pas quelque chose que tu as l'habitude de demander aux gens. M. Faustino a dit qu'il valait mieux être sûr avant d'acheter quoi que ce soit, et il a téléphoné depuis le magasin chez Louisa.

– Il ne faut pas qu'elle sache que c'est pour les chaussons, ai-je chuchoté à l'oreille de M. Faustino, c'est une surprise.

Il nous a fait un clin d'œil et, en réponse, le Bêta a cligné plusieurs fois des deux yeux.

– Madame Louisa Palomino ? a demandé M. Faustino.

– Oui, c'est moi.

– Vous chaussez du combien, s'il vous plaît ?

– Qu'est-ce que ça peut vous faire ?

– Excusez-moi, c'est pour une enquête que je réalise pour le ministère de la Santé, a-t-il dit en faisant un autre clin d'œil.

– Ah, euh… du trente-neuf.

– Très bien… Je note… Avez-vous des problèmes aux pieds, du genre cor ou durillon ?

– Hum, c'est assez intime.

– Je puis vous assurer que toutes les informations que vous nous donnerez sont confidentielles.

– Eh bien, oui… j'ai un panaris, au pied gauche, mais tout petit, presque rien, une éraflure.

– Très bien, c'est fini, merci beaucoup pour votre collaboration.

– Vous n'offrez donc rien pour la réponse ?

– Non, madame, vous faites ça comme ça, pour l'enquête : « La santé des pieds de la femme actuelle… »

– Ah, d'accord …

– Encore une fois, je vous remercie.

– C'est moi. Euh… cette histoire de panaris, je n'aimerais pas que ça se sache.

– N'ayez crainte, madame, cette histoire de panaris restera entre vous et moi.

Et entre moi et le Bêta, qui étions restés collés au téléphone durant toute la conversation, avec les mains sur la bouche pour nous empêcher d'éclater de rire. M. Faustino s'est essuyé les yeux avec son mouchoir. D'après moi, cette fois-ci, il pleurait de rire.

Nous sommes retournés à l'hôpital. Ma mère était là et nous attendait pour rentrer à la maison. Elle nous a demandé ce que nous portions dans ce sac, et tous les quatre, mon grand-père, M. Faustino, moi et le Bêta, nous avons dit en superchœur oh rien, rien, mais je ne sais pas si elle l'a cru car le Bêta a passé un bon moment à nous envoyer des clins d'œil à tous.

Le soir, quand ma mère nous a apporté le dîner, nous étions aussi énervés que si c'était la nuit de Noël, nous rigolions pour n'importe quoi, et ma mère nous regardait du coin de l'œil, mais elle n'avait pas l'air fâché et avait toujours un petit sourire sur le côté. Le Bêta est parti au salon et je suis resté avec elle pour débarrasser la table. Tout était planifié au millimètre près. Le Bêta devait téléphoner à Louisa et lui dire : « Monte, ma mère veut te parler. » Bien sûr, le Bêta ne parle pas comme ça, il a dû le dire à sa façon : « La maman de bébé a dit que Louisa monte et parle avec elle. »

Il n'est pas très clair mais, une fois que tu es habitué, tu le comprends parfaitement. Nous ne savons pas quand il se décidera à parler comme les gens normaux. Peut-être jamais. C'est un enfant qui fait uniquement ce qui lui passe par la tête.

Louisa est tout de suite arrivée. Elle était un peu gênée et ma mère aussi était un peu gênée.

– Bébé m'a dit que tu voulais me parler.

– Moi ? a dit ma mère. Euh... non, mais bon, reste avec nous, assieds-toi.

Moi et le Bêta nous nous sommes éclipsés et nous avons sorti les paquets de sous le lit de mon grand-père.

Quand nous sommes arrivés dans la cuisine, il y avait un grand silence entre elles. Le Bêta a donné un paquet à Louisa et un bisou, et moi j'ai donné un paquet à ma mère et un bisou. Nous avons fait comme ça car c'est mon grand-père qui nous l'avait dit :

– Étant donné que le chouchou de Louisa c'est Manolito et celui de votre mère c'est le Bêta, il faut le faire à l'envers. Pour compenser.

Louisa a dit :

– Qu'est-ce que c'est que ça ?

Ma mère a dit :

– Qu'est-ce que c'est que ça ?

Elles ont toutes les deux ouvert leur paquet et découvert les chaussons rouges.

– On peut savoir avec quel argent vous avez acheté ça ? a demandé ma mère.

– Avec mon gros billet, a répondu le Bêta d'un air nostalgique.

– Cette fois-ci, ça n'a pas été avec de l'argent volé, tu peux me croire, ai-je dit.

Louisa a mis les chaussons à ses pieds de pointure trente-neuf.

– Comme ils sont confortables !

– En plus, ils seront très bien pour ton panaris.

Louisa est restée pensive un instant, puis a éclaté de rire.

C'était maintenant à moi de dire la phrase cruciale que m'avait soufflée mon grand-père :

– Louisa, moi et le Bêta nous allons économiser à partir de maintenant pour te rendre l'argent que nous t'avons pris, euh... que le Bêta t'a pris et où après je n'ai rien dit.

La réponse de Louisa a été celle que mon grand-père avait prévue :

– Je ne veux pas que vous me rendiez quoi que ce soit. Avec ça, vous m'avez tout rendu. Venez ici, mes petits chéris, votre Louisa va vous faire un bisou.

Ça n'a pas été un mais au moins vingt-cinq bisous, du genre de ceux qui te décrochent la mâchoire et te laissent la peau toute rouge. Mais ce n'était pas grave, le plus important était que nous avions assuré comme des bêtes. Mon grand-père avait raison quand il nous a dit :

– Faites-moi confiance, les enfants, je m'y connais en femmes.

LA MAMAN DE MANOLITO

Mon grand-père est sorti de l'hôpital le samedi après-midi. Nous sommes allés le chercher, mon père, ma mère, moi et le Bêta. On lui avait enlevé la sonde et il était habillé en grand-père normal. Il a dit au revoir à tous ses collègues de l'étage, ainsi qu'au monsieur du lit d'à côté et à l'infirmière gigantesque, car il se prend d'affection pour n'importe qui, même pour des personnes qui, moi, me semblent horribles. Lui, ça ne le dérange pas. Pourtant j'aimerais bien qu'il pense toujours la même chose que moi des gens.

Mon grand-père marchait beaucoup plus lentement que nous car les points lui tiraient encore un peu. Il s'appuyait sur mon père et sur ma mère, tandis que moi et le Bêta on se relayait pour tirer la valise à roulettes car on voulait le faire tous les deux. Le vigile à l'entrée a demandé au Bêta :

– Alors petit, ça y est, ton grand-père s'en va ?

– Oui.

– Et tu voles encore ?

– Non, fini, bébé ne veut plus voler.

– C'est très bien, a dit le vigile.

– Parce que, après, bébé doit tout rendre, et bébé n'aime pas ça.

Comme tu vois, le Bêta n'avait rien appris de l'engueulade qu'on s'était prise. C'est un enfant sans morale. Mais mon grand-père dit qu'il ne faut pas s'inquiéter, qu'il apprendra à faire la différence entre le bien et le mal. Pour l'instant, le bien, c'est ce qui lui plaît, et le mal ce qu'il n'aime pas. Le reste, il s'en fiche.

Moi et le Bêta, nous avons voulu jouer aux infirmiers avec mon grand-père. Nous lui avons apporté son dîner au canapé et nous lui avons attaché une serviette autour du cou, puis nous avons voulu lui donner à manger avec la cuillère, même si de temps en temps, il disait :

– Arrêtez, pas si vite, je commence à avoir mal au cœur.

Puis nous l'avons aidé à se coucher. Nous aurions aimé nous mettre dans le lit avec lui, mais ma mère a dit non, pas question, vous n'êtes pas des sangsues, votre grand-père a une cicatrice et il faut le laisser tranquille.

Le meilleur de l'histoire, c'est que mes parents ont profité que notre gardien de nuit (notre grand-père) était rentré, pour faire un tour dehors. Moi et le Bêta, nous leur avons dit au revoir depuis la fenêtre. Ils étaient avec Louisa et Barnabé.

Nous étions seulement nous trois, comme tous les vendredis. Nous nous sommes couchés dans le lit d'à côté. Mon grand-père m'a dit :

– Ah, j'allais oublier, Manolito, ta mère m'a dit que tu regardes sous ton oreiller avant de dormir.

J'ai regardé sous mon oreiller. Il y avait un paquet allongé. Je l'ai ouvert. Je n'y ai pas cru : c'était une montre submersible *water resist*. Beaucoup mieux que celle de la communion. Celle-ci pouvait aller à huit cents mètres de profondeur aquatique. Peut-être qu'un jour, dans ma vie, je plongerai à cette profondeur. Qui sait ?

J'ai alors remarqué que à côté du paquet de la montre, il y avait un petit papier avec écrit dessus : « Avec tout mon amour, La maman de Manolito. »

Nous avons éteint la lumière, les chiffres et les aiguilles de la montre brillaient dans l'obscurité. J'ai entendu les ronflements de mon grand-père. Il s'était endormi. A côté, tout contre moi, le Bêta avait mis les pieds sur mon ventre comme il fait toujours pour se les réchauffer, et il regardait la montre en faisant des tours avec l'anneau de sa tétine, c'est sa façon à lui de se concentrer avant de dormir. Il l'a enlevée un instant de sa bouche et a dit, avec une voix déjà endormie :

– Elle jette un max.

En regardant bouger la trotteuse, j'ai pensé que moi et le Bêta, nous étions très différents. Le Bêta ne s'était pas fâché, et pourtant ma mère n'avait laissé un cadeau que pour moi. A sa place, je me serais fâché très fort.

Il ne s'est pas non plus fâché quand il a voulu que je lui livre la phrase écrite sur le bout de papier. Tandis que moi, je me serais beaucoup fâché, car quand il dit son truc de « la maman de bébé », je me fâche toujours.

J'ai pensé que tout redevenait comme avant, avec le retour de mon grand-père à la maison. Ses ronflements en fond sonore, et aussi le chant étrange que fait le Bêta lorsqu'il est en train de dormir : « Mmmmmm mmm. » A la lumière du réverbère, j'ai pu voir que ses yeux étaient en train de se fermer. Ses pieds étaient toujours sur mon ventre, mais ils étaient déjà plus chauds. Heureusement, car les pieds du Bêta entrent toujours dans le lit comme deux petits blocs de glace, ses mains étaient agrippées très fort à mon tee-shirt, comme s'il avait peur que je puisse me lever et m'en aller dans un autre lit.

Je crois avoir dormi car je ne sais pas ce qui s'est passé entre minuit trente-sept, qui était l'heure que marquait ma montre la dernière fois que je l'ai regardée et deux heures quatorze, l'heure qu'elle marquait quand je l'ai reregardée. Mes parents étaient rentrés. J'ai entendu mon père qui disait à voix très basse :

– J'aime beaucoup, elle est très belle.

Et la maman de Manolito, d'une voix encore plus basse :

– Et les chaussons, tu ne les trouves pas jolis ?

Mon père :

– Très, et toi encore plus…

Puis je n'ai plus rien entendu car ils ont fermé la porte de leur chambre.

Il s'était passé tellement de choses pendant la semaine où mon grand-père avait été à l'hôpital, qu'on aurait plutôt dit qu'il s'était écoulé un an. Je n'avais presque pas vu mes amis, mais je n'avais vraiment pas eu le temps de m'ennuyer. Toute cette histoire ressemblait maintenant à une terrible aventure dans laquelle il y avait deux héros principaux. Ces deux héros, c'étaient moi et le Bêta. (Quand je me suis dit ça, il était deux heures vingt-sept ; après, j'ai dû m'endormir car je ne me souviens plus de rien.)

ELVIRA LINDO

L'AUTEUR

OÙ ÊTES-VOUS NÉE ?

E.L. A Cadix, en Espagne. Nous avons ensuite déménagé une bonne dizaine de fois, et quand j'ai eu douze ans, nous nous sommes installés à Madrid.

OÙ VIVEZ-VOUS MAINTENANT ?

E.L. Je vis en plein centre de Madrid, près du Paseo de Ricoletos.

ÉCRIVEZ-VOUS CHAQUE JOUR ? ?

E.L. Oui. Parallèlement à mon travail de speakerine, je rédige aussi des scénarios pour la radio, la télévision et le cinéma. J'ai notamment adapté les aventures de Manolito qui ont été portées à l'écran.

ÊTES-VOUS UN AUTEUR À TEMPS COMPLET ?

E.L. Je vis de ma plume. Mais si la scénariste est obligée de se mettre au travail tous les jours sans se poser trop de questions, l'écrivain, en revanche, a besoin de se sentir en veine. Il y a des jours où je suis satisfaite de ce que j'ai fait, d'autres où je décide de tout effacer.

QU'EST-CE QUI VOUS A INSPIRÉ CETTE SÉRIE ?

E.L. Manolito est une série un peu particulière. Mes parents connaissaient une situation financière bien meilleure que celle de la famille de Manolito. Je ne suis pas un garçon, ni l'aînée et je n'ai jamais porté de lunettes. Néanmoins, la personne qui ressemble le plus à Manolito, c'est moi.

EST-CE VOTRE PREMIER ROMAN ?

E.L. J'ai écrit une comédie pour le théâtre, ainsi qu'un roman pour adultes : La vie innocente de Ramon Fortuna. J'ai aussi publié les autres tomes de la grande encyclopédie de ma vie dans la collection Folio junior.

QUEL CONSEIL DONNERIEZ-VOUS À UN ÉCRIVAIN DÉBUTANT ?

E.L. Écrire, lire et vivre. Les meilleures histoires que j'ai lues parlent de la vie quotidienne des gens. Parfois, dans la rue, j'entends un fragment de conversation qui m'apparaît comme un grand roman. Dans ces moments-là, j'aimerais devenir invisible et m'asseoir pour écouter l'histoire jusqu'au bout. Le lecteur, c'est cet individu qui s'assoit pour écouter la vie des autres. Le meilleur conseil que je puisse donner à un écrivain débutant, c'est de vivre les yeux grands ouverts. Ainsi, il ne sera jamais à court d'histoires magnifiques, la seule chose dont il aura besoin, c'est l'envie et le désir de les raconter.

EMILIO URBERUAGA
L'ILLUSTRATEUR

OÙ ÊTES-VOUS NÉ ?

E.U. Je suis né en 1954, à Madrid, un mois d'août. Je crois qu'il faisait très chaud. J'ai eu une enfance merveilleuse que je n'oublie jamais.

POUVEZ-VOUS DÉCRIRE L'ENDROIT OÙ VOUS TRAVAILLEZ ?

E.U. C'est un séjour avec deux grandes tables, une pour dessiner, l'autre pour peindre. Je suis entouré de pinceaux, de crayons, de livres et de plein d'autres bricoles. Il y a aussi deux fenêtres par où rentre la lumière, les odeurs, les sons et où vient se poser un petit oiseau qui regarde perplexe comment je gagne ma vie.

ÊTES-VOUS UN ILLUSTRATEUR À TEMPS COMPLET ?

E.U. « Complétissime », je dirais.

QUAND AVEZ-VOUS COMMENCÉ À ÊTRE ILLUSTRATEUR ?

E.U. J'étais mauvais élève et j'ai commencé à travailler à quatorze ans, d'abord comme commis dans une galerie de tableaux, puis dans une banque, ensuite comme coursier, vendeur, estampeur dans un atelier de gravure et finalement comme illustrateur. j'ai beaucoup de chance car j'adore mon métier.

Comment avez-vous illustré ce livre ?
E.U. En ce qui concerne la technique, avec une plume et de la gouache, mais aussi avec toute la tendresse que ma tête est capable de transmettre à ma main.

Est-ce votre premier livre ?
E.U. Non, ce n'est pas le premier. Je crois que j'ai dépassé la trentaine. J'ai illustré toutes les aventures de Manolito.

Que faites-vous quand vous n'illustrez pas ?
E.U. J'écoute du jazz. J'adore aussi perdre mon temps et faire des balades nocturnes en ville, avec ma femme, mes filles et mon chien.

Quel conseil donneriez-vous à un illustrateur débutant ?
E.U. Qu'il ne cesse d'être débutant, qu'il entreprenne toujours un travail comme si c'était la première fois et qu'il regarde, qu'il regarde tout ce qui l'entoure.

Mise en pages : Dominique Guillaumin

Loi n°49-956 du 16 juillet 1949
sur les publications destinées à la jeunesse
ISBN 2-07-054744-2
Numéro d'édition : 02674
Numéro d'impression : 59917
Dépôt légal : juin 2002
Imprimé sur les presses de la Société Nouvelle Firmin-Didot